1판 1쇄 펴낸 날	2023년 4월 4일
1판 5쇄 펴낸 날	2025년 9월 8일

지은이	이동은
그린이	한규원(필움)
디자인	최한나

펴낸이	박현미
펴낸곳	(주)이북스미디어
출판등록	2022년 4월 25일(제2022-000038호)
주소	서울시 용산구 임정로 11길 4
전화	031-949-9055
팩스	0505-903-5003
전자우편	admin@yibooks.co.kr

ⓒ 이동은·한규원(필움), 2023
ISBN 979-11-979285-5-0   73710

- 이 책은 저작권법에 의해 보호를 받으며 본사의 허락없이 복제 및 스캔 등을 이용해 무단으로 배포할 수 없습니다. 책의 내용을 재사용하려면 반드시 동의를 구해야 합니다.
- 잘못된 책은 구매처에서 교환해 드립니다.
- 책값은 뒤표지에 표시되어 있습니다.

초등쌤이 알려주는

속담의 비밀

작가의 말

'어른 말 들어 나쁠 것 하나 없다'고 어른들이 항상 아이들에게 말을 하죠. 그것을 보여주는 좋은 예가 바로 속담입니다. 속담은 옛 선조들의 경험을 토대로 입에서 입으로 전해 내려온 말입니다. 많은 사람들이 속담의 내용에 공감했고, 속담을 통해 교훈을 얻었기 때문에 지금까지 전해 내려오는 것이죠.

초등학교 교육과정은 속담을 많이 다루고 있습니다. 음성 언어를 사용하는 말하기와 듣기 능력을 향상하는 데 도움을 주고, 상황 속에서 속담의 뜻을 유추함으로써 문해력을 높일 수 있기 때문이죠. 또 속담은 자신의 생각을 간결하고 효과적으로 표현할 수 있는 좋은 도구입니다.

이 책은 "왜~?"라는 질문을 던지고 이로부터 사고의 확장을 이끌어 나가도록 합니다. '낮말은 새가 듣고 밤말은 쥐가 듣는다'라는 속담의 뜻을 단순히 설명하는 것이 아니라 "왜 낮말은 새가 들을까? 왜 밤말은 쥐가 들을까?"라는 질문을 던지고

  답을 찾아나가는 과정을 통해 학생들의 호기심과 창의력을 키울 수 있습니다.

  또 네 컷 만화를 통해 속담의 내용을 흥미롭게 유추해보고 초성 퀴즈를 풀며 무엇이 정답인지 찾아갑니다. 이를 통해 아이들은 문해력과 상상력을 높일 수 있습니다. 속담과 연계된 여러 과학적 원리와 사회 문화 상식을 파헤쳐 가는 과정을 통해 삶에 여러 지식도 연계 학습할 수 있습니다. 뿐만 아니라 노력, 협동, 정직과 같은 삶의 중요한 미덕을 깨달아 실천의 힘을 알고, 타인과 더불어 살아갈 수 있는 힘을 가진 어린이로 성장할 수 있도록 할 것입니다.

- 작가 이동은, 한규원

차례

1장 동물이 들어간 속담

1. 개구리 올챙이 적 생각 못한다 변태하는 동물 ·········· 014
2. 고래 싸움에 새우 등 터진다 삼국시대의 가야 ·········· 018
3. 낮말은 새가 듣고 밤말은 쥐가 듣는다 소리의 굴절 ·········· 022
4. 가재는 게 편이다 가재와 게는 얼마나 비슷할까? ·········· 026
5. 소 잃고 외양간 고친다 농촌의 농기구 ·········· 030
6. 원숭이도 나무에서 떨어질 때가 있다 포유류의 지배자 영장류 ·········· 034
7. 지렁이도 밟으면 꿈틀한다 꿀벌과 지렁이와 지구 ·········· 038
8. 닭 쫓던 개 지붕 쳐다본다 개와 닭은 가축일까? ·········· 042

2장 사람과 관련한 속담

1. 가는 말이 고와야 오는 말이 곱다 메아리의 원리 ·········· 048
2. 뛰는 놈 위에 나는 놈 있다 속력과 속도 ·········· 052
3. 누워서 침 뱉기 중력 ·········· 056
4. 말 한마디에 천 냥 빚도 갚는다 조선시대 화폐, 상평통보 ·········· 060
5. 목마른 사람이 우물 판다 지구와 인간의 70% 물 ·········· 064
6. 도둑이 제 발 저리다 발이 저릴 때 코에 침을 바르는 이유 ·········· 068
7. 말이 씨가 된다 씨가 들어간 속담 ·········· 072
8. 목구멍이 포도청이다 포도청과 경찰서 ·········· 076

3장 음식이 들어간 속담

1. 소문난 잔치에 먹을 게 없다 반대 의미 속담 ·········· 082
2. 떡 줄 사람은 생각도 안 하는데 김칫국부터 마신다
   떡이 들어간 우리나라 속담 ·········· 086

8

③ 콩 심은 데 콩 나고 팥 심은 데 팥 난다 콩과 팥이 들어간 다른 속담·090
④ 금강산도 식후경이다
　　금강산의 아름다움을 노래한 가곡 <그리운 금강산> ·················094
⑤ 밴댕이 소갈딱지 수산물이 들어간 다른 속담 ··················098
⑥ 꿩 먹고 알 먹기 꿩 ································102
⑦ 찬밥 더운밥 가리다 밥이 들어간 다른 속담 ·····················106
⑧ 계란으로 바위치기 콜럼버스의 달걀 ························110

4장 물건이 들어간 속담

① 등잔 밑이 어둡다 등과 관련한 속담 ····························116
② 믿는 도끼에 발등 찍힌다 아궁이와 부뚜막 ·····················120
③ 바늘 도둑이 소 도둑 된다 좋은 습관을 만드는 시작 6단계············124
④ 돌다리도 두들겨보고 건너라 우리나라에서 가장 오래된 돌다리····128
⑤ 구슬이 서 말이라도 꿰어야 보배다 우리나라의 다양한 부피 단위····132
⑥ 공든 탑이 무너지랴 기울어진 피사의 사탑 ····················136
⑦ 밑 빠진 독에 물 붓기 항아리 ·······················140
⑧ 백지장도 맞들면 낫다 종이의 발명 ·······················144

5장 자연 속 속담

① 하늘이 무너져도 솟아날 구멍은 있다 일식과 월식 ·············150
② 가랑비에 옷 젖는 줄 모른다 다양한 비의 종류 ·················154
③ 마른 하늘에 날벼락 천둥과 번개 ·······················158
④ 손바닥으로 하늘 가리기 손바닥 단위 ·····················162
⑤ 하늘의 별 따기 별의 생애 ····························166
⑥ 비 온 뒤 땅이 굳어진다 토양 ·······················170
⑦ 열 길 물 속은 알아도 한 길 사람 속은 모른다 옛날 도량형 단위···174
⑧ 윗물이 맑아야 아랫물이 맑다 다양한 물의 형태 ··············178

등장인물

귀여운 오댕이

다정한 삐딱곰

갑자기 시험 보는
고양이 선생님

삐딱곰 깨우는 엄마

언제나
오댕이 편인 토끼

밤말 잘 듣는 쥐

낯말 잘 듣는 새

목구멍이 급한 돼지

밴댕이처럼
자그마한 다람쥐

바위처럼 단단한 하마

고래 싸움꾼 호랑이

올챙이 시절 잊은
개구리

1장
동물이 들어간 속담

동물이 들어간 속담 ①

(1) ㄱㄱㄹ (2) ㅇㅊㅇ 적 (3) ㅅㄱ 못한다

(1) ㄱㄱㄹ
① 개구리 ② 견과류 ③ 갈고리

(3) ㅅㄱ
① 사과 ② 생각 ③ 사고

(2) ㅇㅊㅇ
① 올챙이 ② 올채이 ③ 엄친아

비슷한 속담 거지가 밥술이나 먹게 되면 거지 밥 한 술 안 준다
— 가난하게 살던 사람이 형편이 나아지면 어려운 사람 생각을 안 한다.

개구리 올챙이 적 생각 못한다

"내가 너 나이 때는 말이야~."

　동생이 있는 친구 있나요? 열두 살 호영이는 여덟 살인 동생 아린이가 참 한심합니다. 젓가락질도 잘하지 못하고 달리기도 느리며 계단도 두 세 칸씩 못 오르기 때문이죠.

　"나는 너 나이 때 젓가락질도 하고 달리기도 엄청 빨랐는데 너는 왜 이렇게 못해?" 이런 호영이에게 해주고 싶은 속담이 있습니다. 바로 '개구리 올챙이 적 생각 못한다'입니다. 과연 호영이는 여덟 살 때 젓가락질도 잘하고 달리기도 빨랐을까요? 이건 비밀인데, 호영이는 여덟 살 때 이불에 오줌을 싼 적도 있었습니다.

　이 속담에 등장하는 개구리는 양서류입니다. 올챙이 때는 아가미로 호흡하며 물에 살고, 성장하면 폐와 피부를 통해 호흡하여 땅에서도 삽니다. 물과 땅 두 곳에서 산다고 양서류라 하는데, 개구리는 처음부터 이 모습이 아니라 올챙이 시기를 거칩니다. 올챙이에서 뒷다리가 나오고 앞다리가 나오고 꼬리가 짧아진 후에야 개구리로 성장할 수 있습니다. 개구리로 성장을 끝내면 땅에서도 물에서도 살 수 있답니다. 그런데 개구리가 자신의 과거를 까먹고 올챙이에게 물 밖으로 나와보라고 잘난 척하네요. 옛날을 생각 못하고 올챙이에게 잘난 체하는 상황을 빗댄 속담입니다. 처음부터 잘하고 성공하는 사람은 거의 없습니다. 과거를 기억하고 겸손한 태도를 갖는 것이 중요합니다.

🌼 변태하는 동물

어릴 때와 완전히 다른 모습으로 성장하는 것을 변태라고 한다. 변태하는 동물은 어릴 때 독립된 생활을 하고 다 크면 완전히 다른 모습으로 변한다. 곤충의 애벌레, 개구리의 올챙이가 대표적으로 변태하는 동물이다.

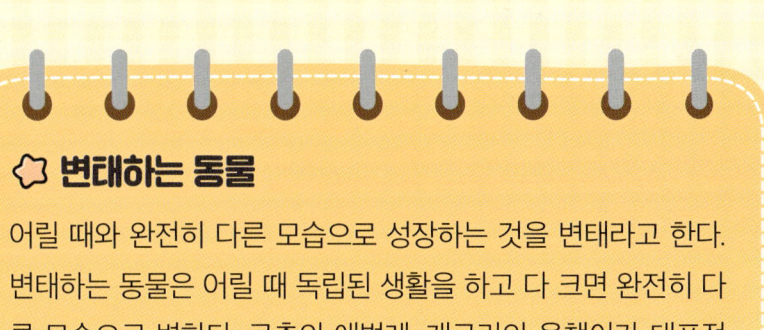

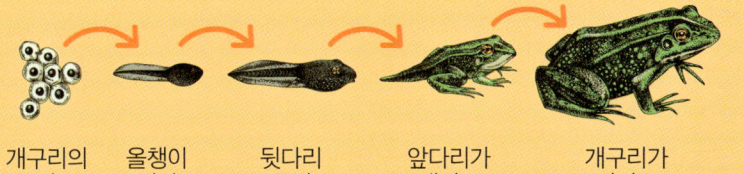

개구리의 알 / 올챙이 시절 / 뒷다리 준비 / 앞다리가 생기고 / 개구리가 되어요

동물이 들어간 속담 ②

(1) ㄱㄹ 싸움에
(2) ㅅㅇ (3) ㄷ (4) ㅌㅈㄷ

(1) ㄱㄹ
① 고래 ② 가래 ③ 가락

(2) ㅅㅇ
① 신입 ② 새우 ③ 상인

(3) ㄷ
① 등 ② 달 ③ 돈

(4) ㅌㅈㄷ
① 턱지다 ② 틀지다 ③ 터진다

비슷한 속담 독 틈에 탕관
- 약자가 강자들 틈에서 곤란을 당하는 경우를 비유한 속담.

고래 싸움에 새우 등 터진다.

정답 (1) ① 고래 (2) ② 새우 (3) ① 등 (4) ③ 터진다

고래 싸움에 새우 등 터진다

"이번 여행은 취소다!"

기대했던 가족들과 놀이공원을 가는 날입니다. 얼마나 재미있을지 일주일 전부터 한껏 들뜬 민아입니다. 그런데 엄마와 아빠가 말싸움을 하기 시작했습니다. 그러다 싸움이 커지고 커져 결국 기대했던 놀이공원을 못 가게 되었습니다. 민아는 너무 억울했습니다. 혹시 이런 상황과 비슷한 경험 있나요? 엄마 아빠의 싸움에 힘없는 민아가 놀이공원을 가지 못한다는 피해를 입었네요. 이런 상황에 사용할 수 있는 속담이 있습니다. 바로 '고래 싸움에 새우 등 터진다'입니다.

고래는 새우를 먹습니다. 예를 들어 크기 11m의 혹등고래는 길이가 약 6cm인 크릴새우를 먹습니다. 그렇기 때문에 새우 주변에는 고래들이 항상 있답니다. 그러다 고래들끼리 싸움이 났네요. 몸집이 굉장히 큰 고래의 싸움으로 인해 새우들이 물살에 휩쓸리고 고래의 몸에 이리저리 부딪히게 되었어요. 새우의 생김새를 보면 등이 굽어있죠? 새우는 꼬리와 배의 근

육을 수축시키며 앞으로 나아가요. 위급한 상황에는 배를 굽혔다 폈다하는 동작을 재빠르게 반복한다고 합니다. 고래의 싸움 때문에 다급한 새우가 배를 굽혔다 폈다 동작을 너무 많이 반복하다 그만 등이 터져버리고 말았답니다. 고래의 싸움으로 인해 힘없는 새우의 등이 터지고 말았네요. 이런 상황을 빗대어 힘센 사람들의 싸움에 아무 관계가 없는 힘이 약한 사람이 피해를 입는다는 뜻의 속담이 생겼습니다. 이 속담은 국가 간 싸움으로 인해 이와 상관 없는 다른 나라가 피해를 입거나 그 곳에 살고 있는 국민들이 피해를 입는 경우에도 사용할 수 있습니다. 이처럼 살다 보면 억울한 일이 생기는 경우가 많습니다. 그럴 땐 이 속담을 떠올리며 지혜롭게 상황을 넘겨보는 것은 어떨까요?

✿ 삼국시대의 가야

화려하고 독창적인 문화를 갖고 있던 가야는 삼국의 중앙집권 왕조들이었던 고구려·백제·신라의 싸움에 새우 등 터지다가 최종적으로 신라에 합병되어 멸망했다.

동물이 들어간 속담 ③

(1) ㄴㅁ은 (2) ㅅ가 듣고
(3) ㅂㅁ은 (4) ㅈ가 듣는다

(1) ㄴㅁ
① 남말 ② 낮말 ③ 낱말

(2) ㅅ
① 새 ② 소 ③ 쇠

(3) ㅂㅁ
① 볕말 ② 밤말 ③ 비밀

(4) ㅈ
① 쥐 ② 쟤 ③ 죄

비슷한 속담 발 없는 말이 천 리 간다
- 사람들 입에서 나오는 말이 달리는 말보다 빨리 간다 라는 의미.

낮말은 새가 듣고 밤말은 쥐가 듣는다

"너한테만 말하는 비밀이야!
아무한테도 말하면 안 돼!"

과연 이 비밀은 아무도 모른 채 끝까지 지켜질 수 있을까요? 우리 반 다빈이한테만 말했는데 옆 반 준수까지도 알고 있던 경험 혹시 있나요? 이런 상황과 딱 맞는 속담이 있습니다. 바로 '낮말은 새가 듣고 밤말은 쥐가 듣는다'입니다. 세상에서 제일 빠른 말은 바로 동물 말이 아닌 사람의 입에서 나오는 말입니다.

그렇다면 왜 새와 쥐가 사람이 하는 말을 듣고 전해주는 걸까요? 이 속담에는 과학적 비밀이 숨겨져 있습니다. 지금 '아~' 하고 소리를 내어 보세요. 눈에 보이지 않는 이 소리는 공기를 통해 전달됩니다. 소리는 온도가 높은 곳에서 낮은 곳으로 굴절해요. 낮에는 태양이 있어 땅 근처가 하늘보다 따뜻해서 소리가 하늘로 휘어져요. 하늘에서 날아다니는 새가 소리를 더 잘 듣게 되겠죠? 밤에는 하늘이 땅 근처보다 따뜻해서 소리가 땅으로 휘어져요. 땅에서 샤샤샥 움직이고 있는 쥐가 소리를 더 잘 듣게 된답니다. 과학적 원리까지 숨겨져 있는 이 속담을 통해 우리는 언제 어디서든 말을 함부로 해서는 안 된다는 교훈을 얻을 수 있습니다. 다른 사람을 욕하거나 흉보는 말이 낮에는 새의 귀에, 밤에는 쥐의 귀에 들어가는 것처럼 여러 사람에게 전달되기 때문이죠.

 소리의 굴절

공기의 온도에 따라 소리의 속력이 다르기 때문에 소리가 굴절하는 현상이 발생한다. 소리는 속력이 느린 쪽으로 굴절한다. 낮에는 지표면이 뜨거워서 아래쪽 기온이 높고 위로 갈수록 기온이 낮아져 소리의 속력이 느려진다. 밤에는 지표면이 식어서 위쪽의 기온이 높다. 위로 갈수록 기온이 높아져 소리의 속력이 빨라진다.

동물이 들어간 속담 ④

'⁽¹⁾ㄱㅈ는 ⁽²⁾ㄱ ⁽³⁾ㅍ이다'

(1) ㄱㅈ
① 감자 ② 가재 ③ 과자

(2) ㄱ
① 게 ② 개 ③ 경

(3) ㅍ
① 팽 ② 필 ③ 편

비슷한 속담 검둥개는 돼지 편
- 모양이나 형편이 서로 비슷하고 인연이 있는 것끼리 서로 잘 어울리고, 사정을 봐주며 감싸주기 쉬움을 비유적으로 이르는 말.

가재는 게 편이다.

정답 (1) 가재 (2) 게 (3) 편

가재는 게 편이다

"내 동생은 잘못이 없어!"

형제끼리 우애가 너무 좋은 친구들 있나요? 아마도 투닥거리고 서로 싸우는 경우가 더 많을 것 같은데요. 그러나 예외의 상황이 있습니다. 4학년 준수가 학원 가는 길에 민기와 투닥투닥 싸우고 있었습니다. 준수가 민기를 밀어 민기가 넘어졌기 때문이죠. 준수의 형 6학년 준범이가 이런 광경을 목격하고 준수 편을 들었습니다. 민기가 잘못했다면서 오히려 화를 내었죠. 이런 상황에 딱 맞는 속담 바로 '가재는 게 편이다'입니다.

가재와 게의 생김새를 알고 있나요? 둘 다 갑옷처럼 딱딱한 껍데기로 몸이 이루어져 있죠. 그리고 맨 앞다리에는 큰 집게발이 있습니다. 이렇게 가재와 게는 공통점이 참 많은 동물입니다. 그래서 게가 물고기들과 싸울 때 게와 비슷한 가재가 게의 편이 되어준다는 속담이 생겼답니다.

비슷한 점이 많은 사람들끼리 감싸주고 서로를 위해주는 경우에 '가재는 게 편이다'라는 속담을 사용합니다. 좋은 의미로 사용되는 경우도 있지만 앞선 이야기의 준범이처럼 형제라는 이유로 준수의 잘못을 인정하지 않고 동생의 편을 들어주는 상황에서도 사용된답니다.

이외에도 옳고 그름을 떠나 자기와 같은 정파라는 이유로 무조건 편을 드는 당파 싸움도 이 속담으로 비유할 수 있어요. 이런 상황에서 우리는 공정한 잣대를 갖는 것이 좋겠죠?

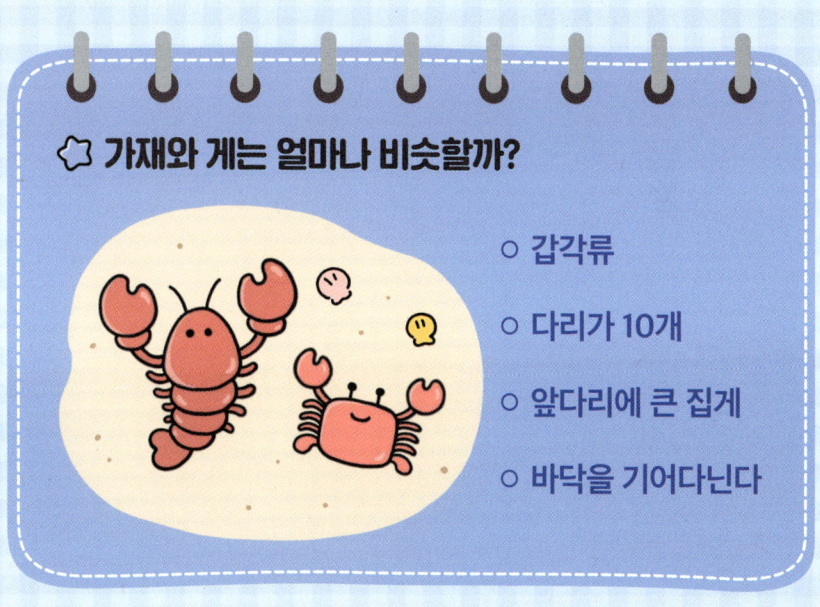

가재와 게는 얼마나 비슷할까?

○ 갑각류
○ 다리가 10개
○ 앞다리에 큰 집게
○ 바닥을 기어다닌다

동물이 들어간 속담 5

(1) ㅅ (2) ㅇㄱ
(3) ㅇㅇㄱ 고친다

(1) ㅅ
① 소 ② 쇠 ③ 솔

(2) ㅇㄱ
① 없고 ② 잃고 ③ 울고

(3) ㅇㅇㄱ
① 외양간 ② 예약금 ③ 애완견

비슷한 속담 도둑맞고 사립문 고친다
– 일이 잘못되고 난 후 손을 써도 소용 없다.

"내 세뱃돈!!!!"

설날에 세뱃돈을 받아본 적 있죠? 준수도 소중한 세뱃돈을 받았어요. 세뱃돈을 얼른 바지 주머니에 넣는 걸 보고 엄마는 저금통에 보관하라고 하셨죠. 주머니에 넣으면 잃어버리기 쉬우니까요. 그런데 준수는 너무 귀찮은 나머지 미루고 미루다 저금통에 넣는 걸 잊고 말았어요. 그러다 세뱃돈을 주머니에 넣은 걸 깜빡하고 바지를 세탁기에 넣어버린 게 아니겠어요? 세뱃돈은 다 젖어 찢어졌고, 준수는 저금통에 보관하지 않은 걸 후회하고 뒤늦게 저금통을 찾게 됩니다. 이런 상황을 우리는 '소 잃고 외양간 고친다'라고 표현할 수 있습니다.

외양간은 소를 기르는 곳을 말해요. 농촌에서 소는 소중한 동물이에요. 다른 동물들과는 비교할 수 없는 재산 1호 가축이었죠. 소 한 마리가 일곱 명 이상의 노동력을 감당했다고 합니다. 오늘날처럼 동력이 있는 농기계가 없던 옛날에는 소에 쟁기를 매달고 소의 힘을 이용해서 논밭을 가꾸었습니다. 땅을 갈아엎어 잡초를 제거하고 토양이 숨쉬기 편하게 하였죠. 그런데 외양간 문이 덜렁덜렁 부러져 있었어요. 농부가 문을 고치는 걸 미루고 미루다 결국 문이 떨어져 버린 게 아니겠어요? 밤에 소가 부러진 문을 통해 도망가 버렸고, 소가 사라지고 나서야 농부는 후회하며 외양간을 고쳤어요. 이런 상황을 보고 이 속담이 생겼답니다.

　이미 잘못된 후에는 후회를 해도 소용이 없다는 의미의 이 속담을 통해 중요한 일을 미루지 말고 그때그때 해야 한다는 교훈을 얻을 수 있습니다.

농촌의 농기구

비슷한 속담으로 '호미로 막을 것을 가래로 막는다'가 있다. 호미도 가래도 모두 농사일에 꼭 필요한 도구들이다. 가래는 손잡이가 길고, 여러 사람이 협동해서 땅을 일굴 수 있는 도구이고, 호미는 혼자서 감자나 고구마 같은 작은 농작물을 수확하거나, 김을 맬 때 사용한다. 적은 힘으로 충분히 해결할 수 있는 일인데 시기를 놓쳐 괜한 힘을 더 쓰게 된다는 의미의 속담이다.

동물이 들어간 속담 6

(1)ㅇㅅㅇ도 (2)ㄴㅁ에서 (3)ㄸㅇㅈ 때가 있다

(1) ㅇㅅㅇ
① 예술인 ② 원숭이 ③ 월수입

(2) ㄴㅁ
① 나무 ② 낱말 ③ 난민

(3) ㄸㅇㅈ
① 똥오줌 ② 뚫어질 ③ 떨어질

비슷한 속담 항우도 낙상할 때가 있다
– <초한지>에 등장하는 항우 같은 무장도 보잘 것 없는 덩굴에 걸려 말에서 떨어질 때가 있다는 뜻.

정답 (1) ② 원숭이 (2) ① 나무 (3) 떨어질 때가

원숭이도 나무에서 떨어질 때가 있다.

원숭이도 나무에서 떨어질 때가 있다

"내가 이런 실수를……. 말도 안 돼!"

　줄넘기 잘하는 친구 있나요? 준수는 줄넘기를 참 잘한답니다. 번갈아 뛰기, 양발모아 뛰기는 물론이고 엇갈려 뛰기 모두 반에서 제일로 잘합니다. 어느 날 반에서 줄넘기 대회를 했습니다. 준수는 당연히 자신만만했겠죠? 다른 친구들 모두 준수가 1등을 할 거라고 입을 모아 말했죠. 그런데 이게 어떻게 된 일이죠? 시작하자마자 줄넘기에 발이 걸려 첫 번째로 탈락해 버린 게 아니겠어요? 준수는 너무나도 좌절했답니다. 이런 준수를 위로해줄 수 있는 속담이 있습니다. 바로 '원숭이도 나무에서 떨어질 때가 있다'입니다.

　원숭이는 나무를 정말 잘 타는 동물입니다. 몸이 날렵하고 팔다리가 길어서 나무 사이를 잘 타고 다니죠. 이렇게 나무를 잘 타는 원숭이도 나무에서 떨어질 때가 있을까요? 원숭이도 나무에서 툭 하고 떨어질 때가 있다고 합니다. 나무 타기의 달인 원숭이도 이런 실수를 하네요. 이런 상황을 빗대어 이 속담이 생겼습니다.

 아무리 잘하는 일이라도 실수할 때가 있습니다. 우린 모두 완벽하지 않기 때문이죠. 부모님도 선생님도 모두 실수할 때가 있답니다. 그럴 때 너무 슬퍼하고 좌절하기보다 "괜찮아! 원숭이도 나무에서 떨어질 때가 있는 법이라고!"하면서 툭툭 털고 일어나보는 건 어떨까요?

🌸 포유류의 지배자 영장류

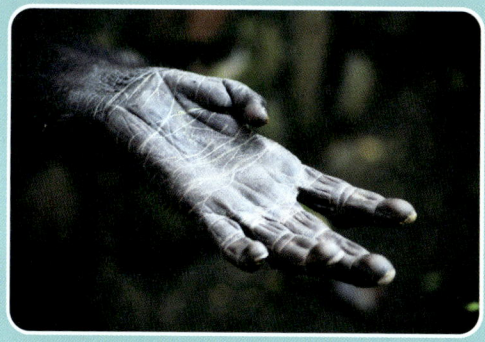

원숭이는 사람처럼 손가락에 지문이 있다. 손으로 나무 타기, 물건 집기, 잡기 등 다양한 활동을 한다. 포유류에 속하는 영장류는 다른 포유류가 네 발로 걷는 것에 반해 두 발로 걷고 손을 사용하며 도구를 이용할 줄 안다.

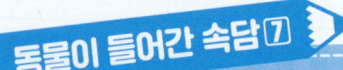

(1) ㅈㄹㅇ도 (2) ㅂㅇㅁ (3) ㄲㅌ한다

(1) ㅈㄹㅇ
① 잘록이 ② 지렁이 ③ 전래어

(3) ㄲㅌ
① 꿈틀 ② 꿈틀 ③ 까탈

(2) ㅂㅇㅁ
① 보이면 ② 밟으면 ③ 밤이면

비슷한 속담 굼벵이도 밟으면 꿈틀한다
- 순하고 좋은 사람도 업신여기면 참지 않는다는 의미.

지렁이도 밟으면 꿈틀한다.

정답 (1) ② 지렁이 (2) ② 밟으면 (3) ② 꿈틀

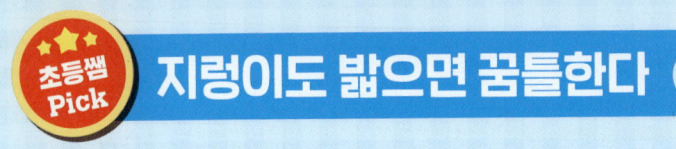
지렁이도 밟으면 꿈틀한다

"지렁이가 이 세상에서 사라진다면?"

 길거리에서 지렁이를 본 적이 있나요? 지렁이를 만나면 "으……! 징그러!" 하면서 피해다니곤 하죠? 많은 사람들이 지렁이는 징그럽기만하고 생김새도 이상하다고 하찮게 여깁니다. 만약 지렁이가 이 세상에서 없어진다면 우리 지구의 땅은 메마르고 황폐화될 것이 분명합니다.

 다리도 없이 기어다니는 지렁이를 무시해서는 안 되는 이유는 생태계에 꼭 필요한 동물이기 때문입니다. 지렁이는 유기 물질이 풍부한 썩은 나뭇잎이나 동물의 배변을 먹습니다. 이것들을 먹는 과정이 우리 생태계에 큰 역할을 합니다. 지렁이가 먹고 뱉었던 배설물이 우리 땅을 건강하게 만들어줍니다. 또 땅 속으로 이동하면서 땅이 숨쉴 수 있도록 도와주며 이를 통해 수분을 더 잘 흡수하는 건강한 토양을 만듭니다.

 이 속담은 하찮은 생물이라도 함부로 대해서는 안 된다라는 의미를 가지고 있어요. 또는 자신이 생각하기에 자신보다 힘이 약하다고 생각하고 괴롭히면 그 상대방도 화를 낼 수 있다는 뜻도 가지고 있답니다. 이 세상에 필요 없는 사람은 없어요. 힘과 생김새로 상대방을 판단하면 안 됩니다. 볼품없는 지렁이가 엄청난 가치를 가지고 있는 동물인 것처럼요.

꿀벌과 지렁이와 지구

꿀벌과 지렁이가 사라지면 지구의 미래가 없다고 한다. 꿀벌이 인간에게 주는 가장 중요한 도움은 꽃가루받이다. 우리가 먹는 음식의 절반 정도를 꿀벌의 꽃가루받이 덕분에 얻을 수 있다. 지렁이 역시 마찬가지다. 땅굴 파기 선수인 지렁이가 흙을 파헤치고 썩은 잎과 죽은 곤충을 먹고 싼 똥으로 건강한 땅이 만들어지고, 그 비옥한 땅에서 동물과 인간을 먹여 살리는 식물이 무럭무럭 자라난다.

동물이 들어간 속담 8

⑴ ㄷ 쫓던 ⑵ ㄱ
⑶ ㅈㅂ 쳐다본다

⑴ ㄷ
①닭 ②달 ③돈

⑵ ㄱ
①개 ②강 ③국

⑶ ㅈㅂ
①조부 ②지붕 ③잔반

비슷한 속담 그림의 떡이다
– 아무리 마음에 들어도 차지할 수 없는 경우를 이르는 말.

닭 쫓던 개 지붕 쳐다본다

"민주랑 서로 좋아한다고?!"

  혹시 학교에 좋아하는 친구있나요? 준수는 같은 반 민주를 좋아한답니다. 민주가 청소 당번이면 남아서 민주를 도와주고, 민주가 숙제를 안 해 오면 자신의 것을 보여주기도 하죠. 오늘은 학교에 가서 민주에게 고백을 하기로 마음을 먹은 날입니다. 그런데 친구 재범이에게 청천벽력과 같은 소식을 듣게 되죠. 바로 재범이가 민주랑 서로 좋아한다는 사실이었습니다. 민주의 마음을 얻기 위해 그렇게 노력했지만 민주의 마음은 다른 곳을 향해 있었죠. 이런 상황을 '닭 쫓던 개 지붕 쳐다본다'라고 합니다.

  인간은 농업을 시작하면서 동물을 사육했습니다. 소처럼 외양간에서 사육하는 동물도 있지만, 개와 닭은 마당에서 자유롭게 키웠답니다. '닭대가리'라는 말 때문에 지능이 낮을 거라는 인식이 있지만 사실 닭의 지능은 꽤 높답니다. 닭의 지능은 일곱 살 아이와 비슷하다고 합니다. 닭은 해맑게 뛰어다니는 개의 눈을 피해 개의 밥그릇을 호시탐탐 노렸습니다. 닭이 자신의 밥을 쪼아 먹는 걸 보고 개는 화가 잔뜩 났답니다. 그래서 닭을 혼내주기 위해 개는 힘껏 닭을 쫓았죠. 닭은 개를 피해 이리저리 도망치다가 지붕 위로 훌쩍 올라가 버렸습니다. 안타깝게도 개는 닭처럼 지붕 위로 높이 올라갈 수 없으니 지붕만 쳐다보며 왈왈 짖는 수밖에요. 이 속담은 애쓰던 일이 실패로 돌아가 어찌할 수가 없다는 뜻을 가지고 있습니다.

✿ 개와 닭은 가축일까?

가축이란 인류가 야생동물을 길들여서 개량한 것으로 인류 생활에 도움이 되는 동물을 통틀어 이른다. 주로 축산물을 제공하고, 농경을 돕기도 한다. 닭을 포함한 조류는 가축이라고 하지 않고 가금이라고 한다. 가축은 포유류만을 포함한다.

2장
사람과 관련된 속담

사람과 관련된 속담 ①

(1) ㄱㄴ (2) ㅁ이 고와야
(3) ㅇㄴ (4) ㅁ이 곱다

(1) ㄱㄴ
① 가난 ② 가는 ③ 기념

(2) ㅁ
① 말 ② 물 ③ 묵

(3) ㅇㄴ
① 웃는 ② 오는 ③ 우는

(4) ㅁ
① 말 ② 물 ③ 묵

비슷한 속담 가는 정이 있어야 오는 정이 있다
- 남에게 말이나 행동을 좋게 해야 남도 나에게 좋게 한다는 말.

 ## 가는 말이 고와야 오는 말이 곱다

"사랑한다고? 나도 사랑해!"

　메아리에 대해 알고 있나요? 이 속담은 메아리를 생각해보면 된답니다. 메아리란 울려 퍼져 가던 소리가 산이나 절벽 같은 데 부딪혀 되돌아오는 소리를 말합니다. 소리는 공기의 진동을 통해 전달됩니다. 산에서 큰소리로 외쳤을 때 그 공기의 진동이 산에 부딪히고 자신이 서 있던 방향을 향해 공기의 진동이 되돌아오게 됩니다. 그렇다면 공기의 진동이 되돌아오게 된다면 어떤 일이 생길까요? 내가 "파이팅!"이라고 외쳤다면 다시 자신에게 "파이팅!"의 소리가 되돌아오고, 내가 "너는 진짜 못생겼어!"라고 외친다면 다시 자신에게 "너는 진짜 못생겼어!"의 소리가 되돌아오게 됩니다.

　내가 내뱉은 말이 결국 자신에게 다시 되돌아오는 메아리 원리는 친구와의 대화, 부모님과의 대화 등 인간관계의 대화와 같습니다. 친구에게 상처 주는 말을 했을 때 친구도 나에게 상처 주는 말을 했던 경험, 부모님이 나에게 소리를 지르며 화를 내자 나도 부모님께 화를 냈던 경험이 있지 않나요?

 내가 '사랑해'라고 말하면 '사랑해'라는 말이 나에게 오고, 내가 '너는 할 수 있어'라고 말하면 '너는 할 수 있어'라는 말이 돌아옵니다. 내가 내뱉은 말은 결국 나에게 다시 되돌아오니 다른 사람에게 이야기할 때 자신에게 말하는 것처럼 말하는 태도를 가지는 것은 어떨까요?

메아리의 원리

소리는 공기가 진동을 하면서 전달된다. 진동이 산, 벽 등에 부딪히게 되면서 다시 튕겨서 공기를 진동시키며 돌아오는 것이 메아리의 기본 원리이다.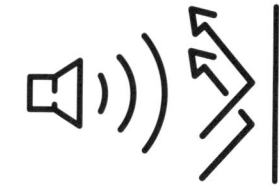

소리가 튕겨서 돌아오게 되는 현상은 단단한 벽에 부딪히면 부딪힐수록 자주 일어난다. 만약 벽을 스펀지와 같은 물렁하면서 부드러운 형태로 만들게 되면, 소리가 스펀지에 흡수가 되어 다시 돌아오는 현상이 덜하다.

사람과 관련된 속담 ②

(1) ㄸㄴ (2) ㄴ 위에
(3) ㄴㄴ (4) ㄴ 있다

(1) ㄸㄴ
① 따는 ② 뛰는 ③ 또는

(2) ㄴ
① 놈 ② 남 ③ 님

(3) ㄴㄴ
① 나는 ② 노는 ③ 누는

(4) ㄴ
① 놈 ② 남 ③ 님

비슷한 속담 치 위에 치가 있다
- 아무리 재주가 뛰어나다 하더라도 그 보다 더 뛰어난 사람이 있다.

정답 (1) ② 뛰는 (2) ① 놈 (3) ① 나는 (4) ① 놈

뛰는 놈 위에 나는 놈 있다.

"토끼와 거북이의 경주에서 승자는 바로~?"

   <토끼와 거북이> 이야기를 알고 있죠. 모두가 알고있는 동화를 다른 관점으로 바라보고 이야기를 나눠보려 합니다. 토끼와 거북이는 출발점에서부터 나무가 있는 곳까지 누가 먼저 도착하는지 경주를 했답니다. 토끼는 낮잠을 자지 않고 열심히 달렸습니다. 거북이도 최선을 다해 기어갔죠. 누가 이겼을까요? 속력이 빠른 토끼는 거북이를 약 올리며 나무에 먼저 도착했답니다. 토끼는 신이 나 거북이한테 잘난 체했죠. 자신이 세상에서 제일 빠르다면서요. 과연 그럴까요? 승자는 따로 있었습니다. 저기 하늘 위에서 이를 지켜보고 있던 독수리가 있었습니다. 출발을 알리는 총소리에 맞춰 독수리도 힘껏 날갯짓을 했죠. 결과는 당연히 독수리가 먼저 나무에 도착했답니다.

   토끼의 최고 속력은 시속 80km입니다. 실제로 토끼가 달리는 모습을 보면 깜짝 놀랄 정도로 빠르죠. 하지만 독수리의 최

고 속력은 시속 240km입니다. 거북이보다 빠른 토끼는 자신이 세상에서 제일 빠른 줄 알고 위풍당당하며 다른 동물들에게 자랑했지만 이 세상에는 자신보다 훨씬 빠른 동물들이 많죠. 그런데 이를 모르고 토끼처럼 자신이 제일 빠르다며 잘난 체한다면 이보다 어리석은 상황이 있을까요? 자신이 제일 뛰어나다고 생각하기 쉽지만 사실은 더 뛰어난 사람이 많습니다. 그렇기 때문에 자신의 실력에 대해 겸손한 태도를 가지고 꾸준히 노력하는 모습을 가지는 것이 중요합니다.

✿ 속력과 속도

일상 생활에서는 속도와 속력을 빠르기의 단위로 혼용하지만, 실제 속력과 속도는 다르다. 속력은 1초나 1분 또는 1시간이라는 단위 시간 동안 물체가 실제로 움직이는 총거리를 의미하고, 속도는 물체의 빠르기를 이동한 방향과 함께 나타낸다는 점에서 속력과 차이가 있다. 속도의 단위는 ㎧, ㎝/s, m/min, km/h 등으로 속력의 단위와 동일하다.

$$속력 = \frac{이동거리}{단위시간} \qquad 속도 = \frac{변위}{단위시간}$$

사람과 관련된 속담 ③

(1) ㄴㅇㅅ (2) ㅊ (3) ㅂㄱ

(1) ㄴㅇㅅ
① 눈이슬 ② 누워서 ③ 남아서

(2) ㅊ
① 침 ② 차 ③ 초

(3) ㅂㄱ
① 뱉기 ② 박기 ③ 보기

비슷한 속담 제 얼굴에 똥칠한다
  - 자기가 스스로 모욕한다는 의미.

# 누워서 침 뱉기

"결국 나를 향해 돌아오는 부메랑처럼"

우리가 땅 위에 서 있는 이유는 중력 때문입니다. 중력이란 지구와 물체가 서로 당기는 힘을 말합니다.

누워서 하늘을 향해 침을 뱉었습니다. 그럼 이 침은 어떻게 될까요? 하늘을 향해 쭉 나아갈까요? 아니면 다시 내 얼굴로 떨어질까요? 아무리 세게 뱉어도 중력의 영향을 받아 다시 땅 쪽 즉, 내 얼굴을 향해 떨어지게 됩니다. 내가 하늘을 향해 던진 것이 결국은 나를 향해 떨어지게 되는 것입니다. 이 속담을 통해 다른 사람을 해치려고 했던 말과 행동이 결국은 나를 해친다는 걸 알 수 있습니다. 침을 뱉는 다는 것은 굉장히 무례하고 불쾌한 행동입니다. 다른 사람을 향해 뱉었지만 결국은 자신에게 떨어진다는 걸 생각하고 다른 사람에게 피해를 주는 말과 행동을 조심하는 태도를 가져야 합니다.

편한 상태를 나타내는 '누워서'로 시작하는 또 다른 속담도 있어요. '누워서 떡 먹기'라는 속담도 있죠. 누워서 떡을 먹게 되면 떡이 목에 걸리기도 쉽고, 떡의 가루가 얼굴에 떨어져 먹기 불편하다는 걸 알 수 있습니다. 그런데 이 속담은 매우 하기 쉬운 일을 뜻합니다.

 옛날에는 집안에 곡식이 넉넉한 집만이 떡을 만들어 먹곤 했죠. 또 이런 귀한 떡을 넉넉하게 하여 이웃집에 나눠 주는 풍습이 있었습니다. 누워서 아무 노동을 하지 않은 채 다른 집에서 해온 떡을 먹는다하여 '하기가 매우 쉽다'라는 뜻을 가진 속담이 생겼습니다.

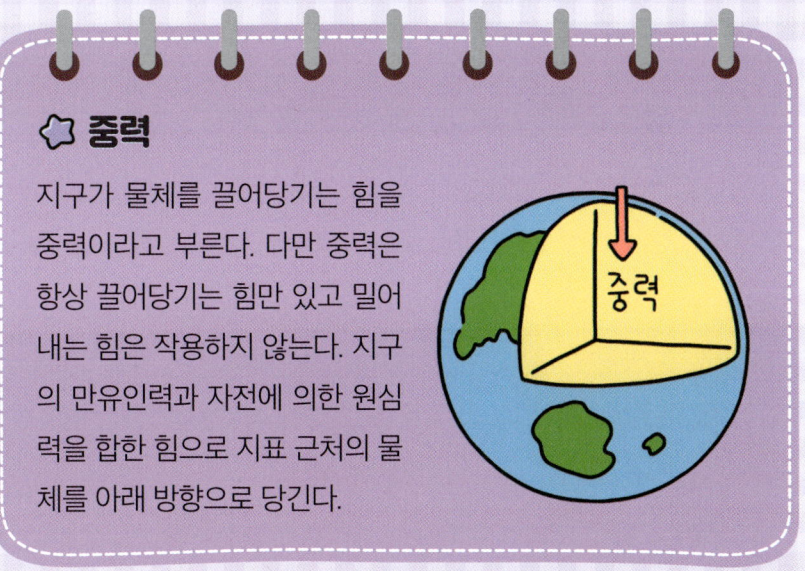

중력

지구가 물체를 끌어당기는 힘을 중력이라고 부른다. 다만 중력은 항상 끌어당기는 힘만 있고 밀어내는 힘은 작용하지 않는다. 지구의 만유인력과 자전에 의한 원심력을 합한 힘으로 지표 근처의 물체를 아래 방향으로 당긴다.

사람과 관련된 속담 ④

⑴ ㅁ ⑵ ㅎㅁㄷ에 ⑶ ㅊㄴ ⑷ ㅂ도 갚는다

⑴ ㅁ
① 말 ② 물 ③ 먹

⑵ ㅎㅁㄷ
① 한마디 ② 한무덤 ③ 한무대

⑶ ㅊㄴ
① 천냥 ② 천놈 ③ 천누

⑷ ㅂ
① 빚 ② 벗 ③ 밖

비슷한 속담 아 다르고 어 다르다
- 같은 내용이라도 표현하는 방법마다 듣는 사람이 받아들이는 기분이 다르다는 뜻.

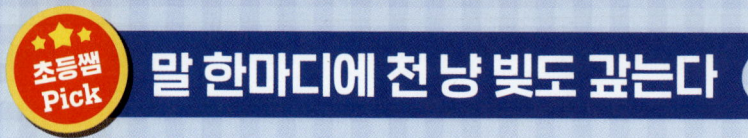

말 한마디에 천 냥 빚도 갚는다

"돈보다 중요한 건 무엇일까?"

이 속담은 말을 통해 큰 돈도 갚을 수 있다며 말의 중요성에 대해 이야기합니다.

그렇다면 천 냥이 지금 현재의 화폐 가치로 변환하면 얼마 정도일까요? 우선 '냥'이라는 것은 우리가 현재 돈을 셀 때 '원'이라는 단위를 사용하는 것처럼 과거 조선시대 화폐였던 엽전을 세는 단위였습니다. 과거 조선의 쌀 값에 대해 알아봅시다. 쌀 144kg는 5냥이었습니다. 현재 쌀 20kg는 47,500원입니다(2022년 10월 기준). 당시의 5냥을 요즘 화폐 가치로 바꿔보면 약 332,500원입니다. 그럼 1냥은 약 66,500원이고 1천 냥은 약 66,500,000원입니다.

이렇게 큰 돈을 말 한마디로 갚을 수 있다는 이 속담을 통해 우리가 알 수 있는 것은 무엇일까요? 돈이라는 것은 옛날이나 지금이나 중요한 가치입니다. 다른 사람에게 쉽게 나눠주지도 않고, 자신이 손해를 보려고 하지 않죠. 그런 돈보다 중요하고 상위에 있는 것이 사람과의 관계, 사람과의 대화라는 것입니다. 다른 사람의 마음을 깊이 이해하고 그 사람의 입장이 되어 말을 하는 태도는 그 어떠한 것보다 가치 있습니다.

좋은 말은 돈으로는 살 수 없는 행복감을 자신과 상대방에게 줄 수 있습니다. 그렇기 때문에 친구들과, 가족들과 이야기할 때 돈보다 가치 있는 이 말을 어떻게 사용하면 좋을지 생각하며 말해보는 건 어떨까요?

조선시대 화폐, 상평통보

우리가 가장 잘 알고 있는 조선시대의 화폐는 상평통보(常平通寶)이다. 상평통보가 가장 유명한 화폐인 이유는 유통에 성공한 처음이자 마지막 조선의 화폐이기 때문이다. 우리가 흔히 사극에서 보는 엽전 꾸러미는 대체로 상평통보이다.

사람과 관련된 속담 5

(1) ㅁㅁㄹ (2) ㅅㄹ이
(3) ㅇㅁ (4) ㅍㄷ

(1) ㅁㅁㄹ
① 물마루 ② 물머리 ③ 목마른

(2) ㅅㄹ
① 사람 ② 삼림 ③ 소란

(3) ㅇㅁ
① 여물 ② 우물 ③ 의문

(2) ㅍㄷ
① 판다 ② 핀다 ③ 푼다

비슷한 속담 갑갑한 놈이 송사한다
- 제일 급하고 필요로 하는 사람이 그 일을 서둘러서 하게 된다는 말.

목마른 사람이 우물 판다.

정답 (1) ③ 목마른 (2) ① 사람 (3) ② 우물 (4) ① 판다

목마른 사람이 우물 판다

"어휴, 급한 사람이 해야지!"

목마르면 뭐가 마시고 싶죠? 탄산음료나 주스도 시원하지만 역시 물이 최고죠.

물은 목이 마를 때뿐만 아니라 요리할 때, 몸을 씻을 때 등 필수적으로 필요합니다. 요즘은 물을 쉽게 살 수 있고 먹을 수 있죠. 하지만 옛날에는 지금과 같지 않았습니다. 먼 옛날에는 시내나 하천에서 물을 얻었습니다. 그러다 보니 강수량이 적은 달에는 물을 일정하게 얻기가 어려웠고, 상류의 오염물질에 그대로 노출되기도 했습니다.

이런 어려움을 극복하기 위해 생겨난 것이 우물입니다. 우물은 땅을 파서 지하에 있는 물을 끌어올려 얻는 방식입니다. 판 흙이 무너져 지하수가 나오는 구멍을 막지 못하게 돌 등을 이용하여 담을 쌓았죠. 우물을 만들기 위해서는 꽤 많은 노동력이 필요합니다. 결코 쉽지는 않은 일이었죠.

그렇기 때문에 이 속담은 가장 급하고 필요한 사람이 서둘러 그 일을 한다는 뜻을 가지고 있습니다. 집안에 치워야 할 물건이 산더미인데 아무도 치우지 않고 있는 상황이라면 지저분한게 가장 불편한 사람이 "어휴, 목마른 사람이 우물을 파야지……"하면서 정리합니다. 그때 이 속담이 딱 맞습니다.

지구와 인간의 70% 물

우리 몸의 70%를 이루고 있는 물은 10%만 모자라도 건강에 문제가 되고 20%가 감소하면 사망에 이른다고 한다. 지구 표면도 사람과 유사하게 70%는 물로 덮여있다.

물은 혈액이라는 이름으로 쉬지 않고 우리 몸을 돌며 영양분을 공급하고, 노폐물을 배출한다. 생명을 유지하는 데 반드시 필요한 존재인 것이다.

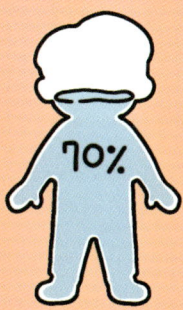

사람과 관련된 속담 6

(1)ㄷㄷ이 제(2)ㅂ (3)ㅈㄹㄷ

(1) ㄷㄷ
① 동독 ② 돈독 ③ 도둑

(2) ㅂ
① 발 ② 병 ③ 박

(3) ㅈㄹㄷ
① 주리다 ② 저리다 ③ 저러다

비슷한 속담 도적은 제 발 저려서 뛴다
- 지은 죄가 있으면 자연히 마음이 조마조마해지는 것을 비유적으로 이르는 말.

도둑이 제 발 저리다.

정답 (1) ③ 도둑 (2) ① 발 (3) ② 저리기

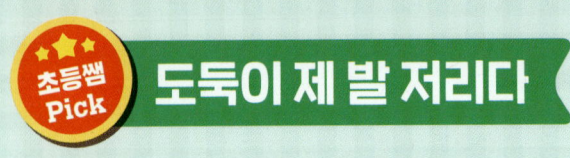
도둑이 제 발 저리다

"내…… 내가 한 게 아니야!!!"

잘못을 해서 들킬까봐 긴장하고 조마조마한 적 있나요? 그럴 때 우리 몸에서는 어떤 신체 반응이 나타날까요?

우선 심장이 쿵쾅쿵쾅 평소보다 더 빠르게 뜁니다. 호흡이 빨라지고 체온이 올라갑니다. 체온이 올라가면 우리 몸은 일정한 체온을 유지하기 위해 땀을 배출합니다. 그리고 근육이 경직되어 두통이 오거나 신체가 저릿한 느낌을 받을 수 있습니다. 저리다라는 것은 피가 원활히 통하지 않아 감각이 둔해지고 아린 상태를 말합니다.

이런 신체 반응은 자연스럽게 나타나서 참을 수가 없습니다. 그렇기 때문에 무언가 잘못한 상황에서 그것을 숨기려고 아무리 노력해도 이러한 신체 반응 때문에 잘못을 들키는 상황이 생기는 거죠. 부모님께 분명 거짓말로 잘못을 속였으나 결국 자기도 모르는 사이에 드러나는 경험이 있지 않았나요?

갑자기 코가 간질거리고 재채기가 날 거 같거나, 손에 식은땀이 흐르는 것처럼요.

　이 속담은 잘못을 한 사람이 그것을 들킬까 조마조마한 상황에서 아무리 숨기려고 노력해도 결국은 불안함에 겉으로 티가 나 그 잘못이 드러나는 상황을 말합니다. 잘못한 상황이라면 거짓말을 하고 발뺌하기보다는 솔직하게 잘못을 인정하고 뉘우치는 태도를 가지는 것이 더 현명하겠죠?

❀ 발이 저릴 때 코에 침을 바르는 이유

코에 침을 바르는 행위는 다리가 저린 것과 아무런 관련이 없다. 다만 이런 행동은 일시적으로 발 저림을 잊게해 준다. 사람의 코에는 많은 신경이 몰려 있는데, 유독 다른 부위보다도 예민한 부분이다. 코에 침을 바르면 침이 바람에 증발함과 동시에 순간적으로 시원해지는 느낌을 받아 감각이 코끝에 몰리게 된다. 일시적인 효과지만 순간적으로 다리의 통증을 잊게해 줄 수 있다.

사람과 관련된 속담 ⑦

(1)ㅁ이 (2)ㅆ가 된다

(1) ㅁ
① 몸 ② 말 ③ 목

(2) ㅆ
① 싹 ② 씨 ③ 쑥

비슷한 사자성어 가롱성진(假弄成眞)
- 거짓이나 농담으로 한 말이나 일이 마치 진실인 것처럼 참으로 한 것처럼 보이는 것을 의미한다.

말이 씨가 된다.

정답 (1) ② 말 (2) ② 씨

말이 씨가 된다

"말의 씨앗은 어떤 열매를 맺을까?"

학교에서나 집에서 식물의 씨앗을 심어본 적이 있나요? 방울토마토 씨앗을 땅에 심게 되면 어떤 일이 일어날까요? 씨앗에서 싹이 트고, 잎과 줄기가 자랍니다. 꽃이 피고 꽃이 진 자리에서 방울토마토 열매가 자랍니다. 그리고 그 방울토마토 열매 속 씨앗이 다시 흙 속으로 들어가면 새로운 토마토가 자라나게 된답니다.

그런데 식물 이야기가 아니라 우리가 입 밖으로 내뱉는 말이 씨가 된다니 이게 무슨 뜻일까요? 준수는 농구 골대에 공을 넣는 친구들을 부럽게 쳐다보고 있었습니다. 자신도 넣고 싶기 때문이죠. 옆에 친구들이 준수보고 할 수 있다고 해 보라고 하였습니다. 준수는 시도하는 대신에 "나는 못해……"라는 말을 했죠.

이 말은 씨앗이 된답니다. 나의 마음속 땅에 심어져 싹이 트고 잎과 줄기가 자라고 꽃이 피고 열매가 자라죠. 그 열매는 어떤 모양일까요? 준수는 농구 골대에 공을 넣을 수 있을까요? 내가 어떠한 말을 자주하게 된다면 더욱 강력한 씨앗이 나의 마음속에 심어지게 됩니다. 부정적인 말은 곧 부정적인 미래를 가져올 수밖에 없겠죠. 이 속담을 통해 우리는 말을 할 때 긍정적인 말의 씨앗이 긍정적인 미래의 열매를 맺는다는 걸 알 수 있습니다.

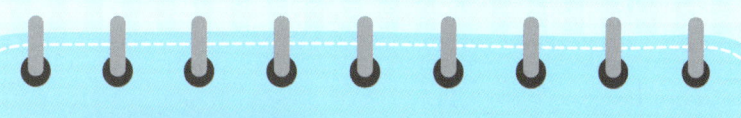

씨가 들어간 속담

씨 보고 춤춘다
나중에 할 일을 성급하게 서두름을 비유.

씨가 따로 있나
높은 자리에 오르는 것은 가문이나 혈통 따위에 따른 것이 아니라 자신의 능력에 따른 것임을 이르는 말.

씨도둑은 못한다
그 집안이 지닌 내력은 아무도 없애지 못한다는 말.

밑으로 호박씨 깐다
겉으로는 점잖고 의젓하나 남이 보지 않는 곳에서는 엉뚱한 짓을 하는 경우를 비유적으로 이르는 말.

사람과 관련된 속담 8

(1) ㅁㄱㅁ이 (2) ㅍㄷㅊ이다

(1) ㅁㄱㅁ
① 밑구멍 ② 목구멍 ③ 말구멍

(2) ㅍㄷㅊ
① 포도차 ② 풋대추 ③ 포도청

비슷한 속담 사흘을 굶으면 포도청 담도 뛰어넘는다
– 굶어서 목숨이 위태로워지면 무서운 포도청의 담도 넘어 도둑질을 할 정도로 못할 일이 없다.

정답 (1) ㉡ 눈높이 (2) ㉢ 표준어

눈높이 표준어이기.

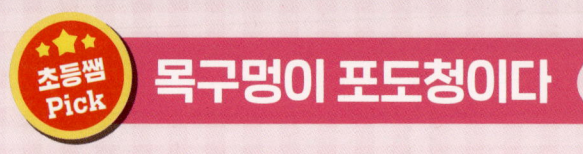

목구멍이 포도청이다

"살기가 어려우니 무슨 짓이라도 할 수 있어!"

목구멍은 식도와 기도로 통하는 입 안의 깊숙한 곳을 말합니다. 목구멍을 통해 우리는 말을 하고 음식을 식도로 넘길 수 있죠. 그런 목구멍이 포도청이라니 이 속담은 무슨 뜻일까요? 잡을 포(捕), 도둑 도(盜), 관아 청(廳)의 한자를 사용하는 포도청은 도둑을 잡는 관아라는 뜻입니다. 즉 포도청은 현재의 경찰서와 같은 곳입니다. 조선시대에 범죄자를 잡거나 다스리는 일을 맡았던 정부 기관입니다.

조선시대는 먹고 살기가 쉬운 시대가 아니었습니다. 농사를 지어 곡식을 얻어야 하는데 가뭄이나 홍수로 인해 곡식을 얻기가 어려운 상황이 많았고, 전쟁으로 인해 어려움을 겪기도 했죠. 음식을 먹기 힘든 상황에서 이 속담이 생겨났답니다. 우리가 3일 동안 음식을 먹지 못한다면 어떤 일이 일어날까요? 머리가 빙빙 돌고 눈에 보이는 것 없이 어떻게든 음식을 먹기 위해 노력할 것입니다. 이 속담은 음식을 먹지 못해 굶주리면 먹고 살기 위해 그 어떠한 짓, 포도청에 잡혀 갈 수도 있는 짓도 한다라는 뜻입니다.

과거에 비해 생활수준이 많이 올라간 요즘은 굶주린 때보다는 형편이 어려울 때 사용하는 경우가 많습니다.

포도청과 경찰서

경찰서는 범죄 사건을 수사하고 범인을 체포한다, 처벌은 법원의 몫이다. 하지만 조선시대의 포도청은 처벌도 담당하였다. 이외 행정 민원까  지 처리하니 현재의 법원과 행정기관(구청이나 주민센터)의 역할도 겸했다고 볼 수 있다. 비슷한 역할을 하던 조선시대의 의금부는 왕 직속 사법기관으로 역적이나 내란 등 왕의 안위와 관련한 범죄를 담당했다.

3장
음식이 들어간 속담

음식이 들어간 속담 ①

(1) ㅅㅁㄴ (2) ㅈㅊ에
(3) ㅁㅇ 게 없다

(1) ㅅㅁㄴ
① 스무날 ② 소문난 ③ 사모님

(3) ㅁㅇ
① 막을 ② 먹을 ③ 묵을

(2) ㅈㅊ
① 잡채 ② 잔치 ③ 주찬

비슷한 속담 빈 수레가 요란하다
- 실속 없는 사람이 겉으로 더 떠들어 댄다는 말.

소문난 잔치에 먹을 게 없다

"에잇, 별 거 없잖아?!"

　옛날에는 여러 가족들이 모여 살고 이웃들과 함께 교류하며 마을을 이루고 살았어요. 교류가 많은 만큼 좋은 일이 있을 때는 음식을 차려 놓고 여러 사람이 모여 즐기는 잔치가 열렸습니다. 큰 잔치가 열리는 날이면 사람들은 맛있는 음식이 많을 거라고 기대를 했죠. 하지만 기대가 크면 실망도 큰 법. 막상 가보면 기대보다 먹을 게 없는 경우가 많았습니다. 이런 상황에 빗대어 떠들썩한 소문이 사실과 다르거나, 기대한 상황에 못 미치는 경우 이 속담을 사용합니다.

　맛있다고 소문이 나서 음식을 먹으려면 한 시간은 기다려야 하는 음식점이 있습니다. 얼마나 맛있을까 기대하며 기다린 후에 먹게 되었는데 기대만큼 맛이 없던 경험 있지 않나요? 그런 상황에 이 속담이 사용된답니다.

　이 속담과 뜻이 비슷한 속담으로는 '빛 좋은 개살구'가 있습니다. 개살구란 개살구나무의 열매를 말합니다. 이 개살구는 모양이 굉장히 예뻐 맛 또한 좋을 것이라고 기대되죠. 하지만 막상 먹어 보면 시고 떫어서 맛이 좋지 않습니다. 즉 빛이 좋아 기대되지만 실상은 그렇지 않다는 이 속담은 소문난 잔치에 먹을 게 없다와 일맥상통하죠.

 소문난 잔치에 먹을 것 없다와 반대 의미

보기 좋은 떡이 먹기도 좋다.
내용이 좋으면 겉모양도 반반함을 비유적으로 이르는 말.

뚝배기보다 장맛
겉모양은 보잘것없으나 내용은 훌륭하다는 말.

아니 땐 굴뚝에 연기 날까
원인이 없으면 결과가 있을 수 없듯이 이유가 있으니 소문이 난다.

명불허전(名不虛傳)
이름날 만한 까닭이 있음을 이르는 말.

음식이 들어간 속담 ②

"(1)ㄸ 줄 (2)ㅅㄹ은 (3)ㅅㄱ도 안 하는데 (4)ㄱㅊㄱ부터 마신다"

(1) ㄸ
① 뚝 ② 떡 ③ 똥

(2) ㅅㄹ
① 사람 ② 사랑 ③ 수렁

(3) ㅅㄱ
① 사과 ② 생각 ③ 소관

(4) ㄱㅊㄱ
① 김칫국 ② 경찰관 ③ 가치관

비슷한 말 설레발치다
- 설래발은 주변에서 흔히 볼 수 있는 벌레 설레발이(돈벌레)에서 유래된 말이다. 다리가 많은 벌레가 기어가는 모습이 매우 분주해 보여서, 서두르며 나대거나 분주하게 구는 사람을 비유하게 되었다.

정답 (1) ② 뉴 (2) ① 시럽 (3) ② 유샷근 (4) ① 긴샷근

뉴 롤 시럽을 쏟은 후 유샷근와 긴샷근 그리고 마시다.

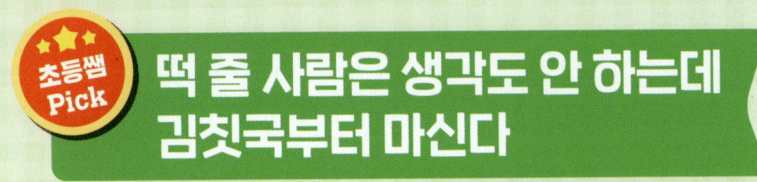
떡 줄 사람은 생각도 안 하는데 김칫국부터 마신다

"당연히 우리 집에도 나눠주겠지?"

오늘날 떡은 어떤 음식일까요? 길거리를 지나가다 떡집에서 사기도 하고, 마트에서 손쉽게 떡을 사기도 하죠. 지금은 떡을 집에서 만들기보다 전문 가게에서 손쉽게 삽니다. 그렇다면 옛날에 떡은 사람들에게 어떤 음식이었을까요? 옛날에는 떡이 귀한 음식이었습니다. 집안에 관혼상제 때 만들어서 이웃들과 나누어 먹는 음식이었죠. 관혼상제란 관례, 혼례, 상례, 제례를 말합니다. 관례는 정해진 나이가 되면 어른이 된다는 의미로 치르는 의식입니다. 혼례는 결혼식을 뜻하고, 상례는 사람이 죽었을 때 치르는 의식이고, 제례는 제사를 뜻합니다. 떡은 식감이 쫀득하여 목이 메이는 경우가 많아 옛날에는 나박김치의 국물인 김칫국과 함께 먹었답니다. 김칫국과 함께 먹으면 목이 막히지 않고 떡이 잘 넘어가기 때문이었죠. 이웃에 행사가 있다는 소식을 듣고 당연히 우리 집에도 떡을 주겠지? 하고 기대하며 김칫국을 꺼내 준비하는 상황을 빗대어

이 속담이 생겨났답니다. 떡을 줄 사람은 생각도 안 하는데 혼자 기대하고 김칫국을 꺼내 미리 준비하는 거죠.

이 속담은 줄 사람은 생각도 안 하는데 혼자 기대하고 섣부르게 행동하는 사람을 비꼬아 표현할 때 사용합니다. 또는 일이 다 마무리되지도 않았는데 혼자 다 된 것인냥 지레짐작하고 행동하는 경우에 사용된답니다. 뭐든 허투루 미리 기대하고 행동하기보다는 신중하게 생각하고 행동하는 태도가 필요하겠죠?

☆ 떡이 들어간 우리나라 속담

누워서 떡먹기 하기 쉬운 일을 비유.

여름에는 잠 비, 가을에는 떡 비 여름에는 잠이 비처럼 쏟아지고, 가을는 식욕이 는다는 말.

까마귀 떡 감추듯 자기 물건을 걸핏하면 잘 잊어버리는 모습.

굿 보고 떡 먹기 한 가지 일로 두 가지 이익을 얻을 때.

남의 떡이 더 커보인다 내 것보다 남의 것이 더 좋아보일 때.

음식이 들어간 속담 ③

(1) ㅋ (2) ㅅㅇ 데 콩 나고
(3) ㅍ (4) ㅅㅇ 데 팥 난다

(1) ㅋ
① 쿵 ② 코 ③ 콩

(2) ㅅㅇ
① 삶은 ② 심은 ③ 싫은

(3) ㅍ
① 팥 ② 포 ③ 퍽

(4) ㅅㅇ
① 삶은 ② 심은 ③ 싫은

비슷한 속담 가시나무에 가시 난다
 – 모든 일은 원인에 따라 거기에 맞는 결과가 나타난다는 말.

정답 (1) ③ 윤 (2) ⓒ 콩 (3) ① 콩 (4) ⓒ 콩

콩 심은 데 콩 나고 팥 심은 데 팥 난다.

콩 심은 데 콩 나고 팥 심은 데 팥 난다

"부모님이랑 붕어빵이네~?"

"엄마랑 붕어빵이네~?"라는 소리 들어본 친구 있나요? 우리는 엄마와 아빠와 생김새가 무척 닮았죠. 이렇게 부모님의 특징이 자식에게 전달되는 것을 유전이라고 합니다. 유전학의 아버지 과학자 멘델을 알고 있나요? 멘델은 유전의 원리를 과학적으로 밝혀낸 사람입니다. 그는 완두콩을 교배했을 때 교배한 완두콩의 특징이 새로 자라나는 완두콩에 전달되는 것을 발견했죠. 교배한 완두콩의 특징과 별개인 다른 결과물이 나오지 않는다 걸 알아냈습니다.

즉 콩을 심은 곳에는 콩이 나지 팥이 나지 않는다는 것입니다. 이 속담은 모든 일은 원인에 따라 그에 맞는 결과가 나타난다는 걸 의미합니다. 부모님께서 물려주신 특징을 가지고 있는 자식이 태어나는 것처럼 말입니다. 공부를 열심히 하지 않고서 시험 100점 맞기를 바라는 상황에서 이 속담을 사용할 수 있습니다. 돈을 낭비하며 쓰는 사람이 돈이 없다며 투정

부리고 있을 때도 이 속담을 빌어 말해줄 수 있습니다.

우리 삶의 대부분은 원인과 결과에 따라 일어납니다. 콩을 심어 놓고 팥이 나오길 기대하는 것은 어리석은 행동입니다. 이 속담을 통해 내가 어떠한 결과가 나오기를 바란다면 그에 맞게 행동해야 얻을 수 있다는 삶의 지혜를 마음 깊숙이 새기길 바랍니다.

🌸 콩과 팥이 들어간 다른 속담

콩이야 팥이야 한다
대수롭지 않은 일로 시시비비를 가리는 경우.

콩을 팥이라고 우긴다
억지스럽게 고집을 부림을 비유적으로 이르는 말.

콩 심어라 팥 심어라 한다
지나칠 정도로 세세하게 간섭할 때 비유적으로 이르는 말.

콩을 팥이라 해도 곧이듣는다
남의 말을 곧이곧대로 잘 믿을 때.

음식이 들어간 속담 ④

(1) ㄱㄱㅅ도 (2) ㅅㅎㄱ이다

(1) ㄱㄱㅅ
① 겹겹산 ② 겹겹사 ③ 금강산

(2) ㅅㅎㄱ
① 시험관 ② 식후경 ③ 생활권

비슷한 속담 수염이 대 자라도 먹어야 양반
　　　　　　 - 먹는 것이 다른 무엇보다 중요하다는 의미.

정답 (1) ㉢ 무엇보다 (2) ㉡ 하여야.

금강산도 하여야이다.

금강산도 식후경이다

"일단 좀 먹고 하자!"

　금강산은 높이 1,638m로 태백산맥 북부 북한의 강원도 금강군, 고성군, 통천군에 걸쳐 광범위하게 펼쳐진 산입니다. 식후경은 먹을 식(食), 뒤 후(後), 볕 경(景)으로 좋은 구경도 먹은 후에야 구경할 맛이 난다는 뜻입니다.

　이 속담은 눈 앞에 펼쳐진 아름다운 자연의 모습이나 어떠한 재미있는 일도 배가 부르고 나서 봐야 제대로 볼 수 있다는 의미를 가지고 있습니다. 그렇다면 왜 많고 많은 장소 중에 금강산일까요? 조선시대에 금강산은 가장 인기가 많은 산이었다고 합니다. 금강산을 가는 사람은 꼭 그 기록을 남기고 싶어 했고, 그 풍경을 그림으로 남기고자 했죠. 조선을 방문한 다른 나라의 여행가들도 금강산의 아름다움을 극찬하곤 했습니다.

　가장 아름답기로 유명한 금강산마저도 배가 고프면 보이지 않는 법이라는 걸 이 속담이 말해주고 있습니다. 비슷한 속담으로는 '수염이 대 자라도 먹어야 양반이다.'가 있습니다. 수염을 길게 늘어뜨린 양반은 체면이 중요해 함부로 행동할 수 없었죠. 그런 양반도 먹어야 체면과 체통을 지킬 수 있다 하니 먹는 문제가 그만큼 중요하다는 뜻을 가지고 있습니다.

금강산의 아름다움을 노래한 가곡 〈그리운 금강산〉

1962년, 6·25전쟁 12주년을 기념해 작사·작곡한 가곡 〈그리운 금강산〉은 나라 땅이 둘로 갈라져 갈 수 없는, 아름다운 금강산을 그리워하는 내용이다.

그리운 금강산

누구의 주제런가 맑고 고운 산/그리운 만 이천 봉 말은 없어도
이제야 자유만민 옷깃 여미며/그 이름 다시 부를 우리 금강산
비로봉 그 봉우리 예대로 있나/흰구름 솔바람도 무심히 가나
발 아래 산해만리 보이지 마라/우리 다 맺힌 슬픔 풀릴 때까지
수수만년 아름다운 산 못 가본 지 그 몇 해
오늘에야 찾을 날 왔나 금강산은 부른다.

음식이 들어간 속담 ⑤

(1) ㅂㄷㅇ  (2) ㅅㄱㄸㅈ

(1) ㅂㄷㅇ
① 바둑이 ② 바둑알 ③ 밴댕이

(2) ㅅㄱㄸㅈ
① 사과따자 ② 소갈딱지 ③ 소금딱지

비슷한 속담 속이 밴댕이 콧구멍 같다
  - 소견이 좁고 옹졸한 사람을 두고 하는 말.

정답 (1) ③ 밴댕이 (2) ② 소갈딱지

밴댕이 소갈딱지

밴댕이 소갈딱지

"어휴, 이 속 좁은 사람아!"

밴댕이라는 생선에 대해 알고 있나요? 밴댕이는 약 15cm 정도의 크기가 작은 생선으로 칼슘과 철분 성분이 풍부하여 골다공증을 예방해주고 각종 성인병에 좋다고 합니다. 몸에 좋은 밴댕이는 맛도 좋아서 밴댕이구이, 밴댕이회, 밴댕이무침, 밴댕이 젓갈 등으로 먹습니다.

밴댕이 소갈딱지에서 '소갈딱지'는 무슨 뜻일까요? 소갈딱지란 마음이나 생각이 좁거나 작은 것을 낮게 잡아 이르는 말입니다. 그렇다면 맛도 좋고 건강에도 좋은 밴댕이가 왜 소갈딱지라는 걸까요? 크기가 작은 만큼 밴댕이의 내장은 몹시 작습니다. 뿐만 아니라 어부들이 밴댕이를 잡았을 때 밴댕이가 살아있는 걸 보기 어렵다고 합니다. 잡히자마자 죽거나 그물에 걸리면 파르르 떨며 죽어버리기 때문입니다. 이러한 밴댕이의 행동으로 인해 이 속담이 생겨났습니다.

밴댕이가 자기 성질에 못 이겨 죽어버리는 것처럼 속이 좁고 성격이 급하고 옹졸한 사람을 보고 밴댕이 소갈딱지라고 하는 것이랍니다. 우리의 옛 선조들이 밴댕이의 모습을 보고 전해져 내려온 속담이지만 사실 밴댕이는 속이 좁아서 빨리 죽어버리는 것이 아닙니다. 밴댕이는 수압에 약해 물 밖으로 나오면 굉장히 고통스러워서 고통에 몸부림을 치며 죽는 것이라고 합니다.

수산물이 들어간 다른 속담

5월 도미는 소껍질 씹는 맛보다 못하다
여름 산란기를 앞두고 맛이 없어진 도미를 소껍질에 비유.

말짱 도루묵
아무 소득 없이 헛수고한 일.

썩어도 준치
좋은 것은 오래 되거나 변하여도 뛰어남에는 변함이 없다는 뜻.

가을 전어 머리에는 깨가 한 되다
제철음식이 가장 맛있다는 의미.

물 밖에 나온 새꼬막 같다
입을 꽉 닫고 아무 말도 하지 않는 모습.

음식이 들어간 속담 ⑥

⑴ ㄲ ⑵ ㅁㄱ ⑶ ㅇ ⑷ ㅁㄱ

⑴ ㄲ
① 꿩 ② 끝 ③ 꽝

⑵ ㅁㄱ
① 먹고 ② 막고 ③ 밀고

⑶ ㅇ
① 열 ② 알 ③ 용

⑷ ㅁㄱ
① 먹기 ② 막기 ③ 밀기

비슷한 속담 도랑 치고 가재 잡고 발 담그고 물구경 하고
- 한 가지 일을 하여 두 가지 이득을 얻는 것을 뜻한다.

정답 (1) 윷 (2) 닭 (3) 꿩 (4) 까치
꿩 먹고 알 먹기

꿩 먹고 알 먹기

"뜻하지 않은 두 개의 행운!"

친구가 나오라고 해서 억지로 나갔는데 맛있는 떡볶이도 얻어먹고, 돌아가는 길에 좋아하는 정연이를 우연히 만나 함께 놀기로 했습니다. 생각만 해도 너무 행복하지 않나요? 뜻하지 않게 한 개도 아닌 두 개의 행운이 생겼으니까요. 이런 상황을 꿩 먹고 알 먹기라고 합니다.

꿩이라는 동물에 대해 알고 있나요? 예로부터 꿩은 건강에도 좋고 맛도 훌륭하여 좋은 사냥감이자 음식 재료였습니다. 하지만 꿩을 잡는 것은 쉽지 않았습니다. 왜냐하면 꿩의 청각이 굉장히 예민하기 때문입니다. 조그마한 소리도 민감하게 알아채고 날아갑니다. 지진에도 예민하여 꿩의 날갯짓과 울음으로도 지진을 예고할 수 있었답니다. 이렇게 날쌔고 예민한 꿩에게 예외의 상황이 있습니다. 바로 알을 품고 있는 경우랍니다. 꿩이 알을 품고 있을 때는 누군가 자신을 해칠지라도 도망가지 않고 끝까지 알을 지키고 있습니다. 그래서 꿩이 알을 품고 있을 때는 알은 물론이고 꿩까지 잡을 수 있는 것입니다.

　이 속담은 한 가지 일은 하여 두 가지 이상의 이익을 보게 되었을 때 사용할 수 있습니다. 이것을 사자성어로 '일석이조(一石二鳥)'라고도 말할 수 있습니다. 돌을 한 번 던져 두 마리의 새를 얻는다 하여 꿩 먹고 알 먹기와 같은 뜻을 가지고 있습니다.

꿩

꿩은 우리말로 수컷을 '장끼', 암컷은 '까투리'라 한다. 세계적으로 꿩과에는 182종이 있으며, 우리나라에는 네 종이 있다. 산란기는 4월 하순에서 6월까지이며 산란 수는 6~10(때로는 12~18)개이다. 먹이는 찔레열매를 비롯하여 수십 종의 작은 곤충과 갑각류 등의 각종 동물을 먹는 잡식성이지만, 식물성 먹이를 많이 먹는 편이다.

음식이 들어간 속담 7

(1) ㅊㅂ (2) ㄷㅇㅂ
(3) ㄱㄹㄷ

(1) ㅊㅂ
① 찬밥 ② 처방 ③ 추방

(3) ㄱㄹㄷ
① 가리다 ② 구리다 ③ 굴리다

(2) ㄷㅇㅂ
① 더운밥 ② 데운밥 ③ 도움법

비슷한 속담 얻어먹는 놈이 이밥 조밥 가리랴
- 자기가 아쉽거나 급히 필요한 일에는 좋고 나쁨을 가릴 겨를이 없음을 비유적으로 이르는 말.

찬밥 더운밥 가리다

"찬밥 더운밥 가릴 처지야?"

오늘은 미술 수업이 있는 날입니다. 선생님께서 지난주부터 수채화 용품을 가져오라고 신신당부하셨죠. 그런데 준수는 깜빡하고 준비물을 안 챙겨온 게 아니겠어요? 준비물이 없으면 수업에 참여할 수가 없으니 난처한 상황이었습니다. 그런데 이때 재훈이가 친절하게도 준수에게 자신과 함께 수채화 용품을 같이 쓰자고 제안했습니다. 준수는 재훈이의 물건을 쓱 보더니 이렇게 말했습니다. "너 물감은 색깔이 별로 없잖아. 나는 너 것보다 훨씬 많은 색깔이 필요한데!" 이런 준수에게 뭐라고 말해줄 수 있을까요? 바로 "찬밥 더운밥 가릴 처지니?"라고 말해줄 수 있습니다. 표면적으로 찬밥은 차갑게 식은 밥을 뜻하고 더운 밥은 따뜻하게 갓 지은 밥을 말합니다. 속 뜻을 살펴보면 더운 밥은 따뜻하게 밥을 데운 만큼의 따뜻한 마음, 좋은 상황을 말합니다. 반대로 찬밥은 남에게 좋은 대접을 받지 못한 상황을 말합니다. 예시로 "나는 찬밥 신세야"라고 했을 때 이 말의 뜻은 다른 사람에게 무시를 당하고 좋은 대우를 받지 못한다라는 것입니다. 즉 찬밥 더운밥을 가리는다는 속담은 어려운 처지에 있으면서 이것저것 따지는 행동을 비꼬아 말할 때 사용합니다.

감사함이라는 마음의 보석을 갖지 못한 친구들은 어떠한 상황이 주어져도 불평할 거리를 찾습니다. 다른 사람의 따뜻한 마음을 무시하기보다는 준비물을 기꺼이 빌려준다고 한 재훈이에게 "고마워"라고 말해보는 건 어떨까요?

밥이 들어간 다른 속담

그 나물에 그 밥
서로 비슷한 것끼리 짝이 되었을 경우를 두고 이르는 말.

개밥에 도토리
따돌림을 받아서 여럿의 축에 끼지 못하는 사람을 비유.

받은 밥상을 찬다
제게 돌아온 복을 제가 내차는 경우.

쑨 죽이 밥 될까
일이 이미 글렀기 때문에 후회해도 소용없음을 비유.

음식이 들어간 속담 8

(1) ㄱㄹ으로 (2) ㅂㅇ치기

(1) ㄱㄹ
① 계란 ② 가랑 ③ 구름

(2) ㅂㅇ
① 보위 ② 바위 ③ 부위

비슷한 속담 쥐구멍으로 소 몰려 한다
  - 도저히 되지 않을 일을 억지로 하려고 할 때 비꼬는 말.

계란으로 바위치기

"계란으로 바위치기는 어리석은 행동일까?"

　계란과 달걀은 같은 의미이지만 한자어와 순우리말이라는 차이가 있어요. 같은 의미니까 우리는 달걀이라는 순우리말을 사용하면 좋겠죠? 달걀은 어떤 특징을 가지고 있을까요? 닭이 낳은 알로 얇은 껍데기에 싸여 있고 그 안에는 흰자위와 노른자위가 있습니다. 어디에 부딪히거나 떨어뜨리면 쉽게 깨져버리는 특징이 있습니다. 반면에 바위는 어떤 특징을 가지고 있을까요? 바위는 고체 알갱이들이 모여 단단하게 굳어진 덩어리를 말합니다. 오랜 시간 물이나 바람에 의해서 진흙, 모래, 자갈 등이 층층이 쌓여서 굳어졌기 때문에 굉장히 단단하죠. 그럼 달걀로 바위를 치면 어떤 일이 일어날까요? 당연히 달걀의 껍질이 바위의 단단함을 이기지 못하고 깨져버리겠죠. 이처럼 이 속담은 도저히 불가능한 일에 무모하게 도전하는 일이나 열심히 싸워도 절대 이길 수 없는 상대일 경우에 사용합니다.

하지만 사람들은 달걀로 바위치기라며 조롱할 수 있으나 역사 속 위대한 업적들은 그러한 무모한 도전들이 모여 생겨났답니다. 임진왜란 당시 우리에게 대승을 안겨준 대첩들도 이런 위대한 도전 정신으로 이뤄낸 겁니다. 적은 수의 우리는 달걀이고, 수십 만 대군이었던 왜군은 바위인데 이길 수 있을까라는 의문을 가지고 행동했다면 아마 우리는 다른 역사 속에 살고 있을 수도 있겠죠?

콜럼버스의 달걀

달걀은 동글동글한 모양새 때문에 세우기가 쉽지 않지만, 아메리카 대륙을 발견한 탐험가 콜럼버스가 달걀 밑동을 깨서 세우는 데 성공한 일화가 있다.

일단 하고 나면 매우 당연한 건데 하기 전에는 보통 사람들은 미처 생각하지 못하는 기발한 발상, 요약하자면 '발상의 전환'을 가리키는 관용구로 쓰인다. 하지만 이는 사실 이야기가 와전된 것으로, 실제로 달걀을 깨서 세운 것은 피렌체 대성당의 돔을 건축한 건축가 부루넬레스키이다.

4장
물건이 들어간 속담

물건이 들어간 속담 ①

(1) ㄷㅈ
①등잔 ②동전 ③둥지

(2) ㅁㅇ
①밑이 ②물이 ③맞이

(3) ㅇㄷㄷ
①엿듣다 ②어둡다 ③와닿다

비슷한 속담 낫 놓고 기역 자도 모른다
- 기역과 비슷한 모양의 낫을 보고도 글씨를 모르는 무식한 상황을 비유한 말.

정답 (1) ① 숨음 (2) ① 꿈이 (3) ② 아몬드

등잔 밑이 어둡다.

등잔 밑이 어둡다

"내 휴대전화 어디 있지?
아, 손에 들고 있구나……."

물건이 사라져서 한참 찾고 있는데 바로 내 밑에 있거나 나와 가까이 있었던 경험 없나요? 이럴 때 우리는 '등잔 밑이 어둡다'라는 속담을 사용합니다. 경찰이 찾고 싶은 범인이 있었습니다. 샅샅이 찾아도 나오지 않았으나 결국 찾은 곳이 경찰서 바로 앞 빌딩일 때 이 속담을 사용합니다.

등잔은 무엇일까요? 요즘은 어두울 때 전기로 빛을 내지만 전기가 없던 옛날에는 기름을 담아 등불을 켜는 데 이용했던 그릇인 등잔으로 주위를 밝게 만들었답니다. 등잔에는 뜨거운 기름이 있고 쏟아지면 위험하기 때문에 등잔대 받침 위에 등잔을 놓고 사용했습니다. 등잔 주변이 제일 밝을 것이라 생각하지만 등잔 바로 밑에는 그림자가 생깁니다.

그림자는 왜 생기는 걸까요? 그림자란 공기 중에서 빛이 쭉 나아가다가 물체를 만나 빛의 전부 또는 일부가 막혀 빛이 도달하지 못하는 곳에 생기는 것이랍니다. 등잔에 불을 붙이면 빛이 생겨서 사방으로 쭉 나아갑니다. 그래서 주변이 환해지죠. 그런데 등잔 밑에는 등잔 받침대가 있기 때문에 빛이 막혀 등잔 바로 밑바닥에는 빛이 도달할 수 없어 그림자가 생깁니다. 그래서 등잔 밑이 어두워지는 것입니다. 등잔 밑에 물건을 두면 그곳의 그림자 때문에 찾기가 어려워 이러한 속담이 생겼답니다.

등과 관련한 속담

바람 앞의 등불 언제 꺼질지 모르는 바람 앞의 등불이란 뜻으로, 매우 위태로운 처지에 놓여 있음을 비유적으로 이르는 말.

등잔 뒤가 밝다 가까이서보다는 조금 떨어져 보는 편이 상황을 더 잘 파악할 수 있다는 말.

어두운 밤의 등불 아주 필요한 것을 비유적으로 이르는 말.

장님 등불 쳐다보듯 서로 아무 관계없이 지냄을 비유.

등잔불에 콩 볶아 먹을 놈 어리석고 옹졸하여 하는 짓마다 답답한 일만 하는 사람을 낮잡아 이르는 말.

물건이 들어간 속담 ②

(1) ㅁㄴ (2) ㄷㄲ에
(3) ㅂㄷ (4) ㅉㅎㄷ

(1) ㅁㄴ
① 믿는 ② 맞는 ③ 먹는

(2) ㄷㄲ
① 대꾸 ② 도끼 ③ 단꿈

(3) ㅂㄷ
① 본디 ② 발등 ③ 별동

(4) ㅉㅎㄷ
① 찐하다 ② 찍힌다 ③ 찜하다

비슷한 속담 믿던 발에 돌 찍힌다
– 믿었던 사람에게 배반당해 해를 입는 경우.

믿는 도끼에 발등 찍힌다.

정답 (1) ① 도끼 (2) ② 도끼 (3) ② 발등 (4) ② 찍힌다

믿는 도끼에 발등 찍힌다

"너가 어떻게 나한테……!"

　가장 믿었던 사람에게 상처를 받거나 배신을 당한 경험이 있나요? 또는 분명 잘 될 거라고 굳게 예상했던 일이 실패로 돌아간 경험 있나요? 요즘은 집을 따뜻하게 하기 위해서는 보일러를 틀죠. 옛날에는 아궁이에 불을 때서 방을 따뜻하게 했어요. 아궁이에 불을 붙이기 위해서는 땔감이 필요합니다. 땔감에는 참나무 장작을 많이 사용했습니다. 이 과정에서 가장 많이 쓰이는 도구가 바로 도끼입니다. 도끼로 나무를 베고, 장작으로 만들 큰 나무를 잘게 쪼갰죠. 옛사람들은 자신에게 가장 편하고 많이 사용하는 도끼 하나쯤은 다 가지고 있었습니다. 그런 도끼라도 잘못하면 발등을 찍히는 일이 생겼답니다.

　가장 많이 사용하고 잘 다루던 도끼인데 왜 발등 찍히는 일이 생겼을까요? 다양한 원인이 있겠지만 호르몬 관점에서 생각해볼까요? 내가 사랑하고 신뢰하는 사람 또는 자주 사용하기 때문에 마음이 편안한 물건을 접촉할 때는 '옥시토신'이라는 호르몬이 생겨납니다. 그래서 옥시토신은 사랑의 호르몬 이라 부릅니다. 아이를 사랑하는 모성애가 생기기도 하고 다른 사람과의 결속력 역시 강해집니다. 또 신뢰가 증가하고 경계와 긴장이 완화됩니다. 옥시토신은 분비되었을 때 좋은 점이 훨씬 많은 호르몬이지만, 지나치게 신뢰하는 신체적 반응 때문에 믿는 도끼에도 발등 찍히는 일이 생길 수도 있는 것입니다. 익숙한 사람과 물건일지라도 발등이 찍히지 않도록 조심하고 주의를 살피는 것이 중요하겠죠?

아궁이와 부뚜막

아궁이는 불을 넣는 구멍으로, 옛 한옥에는 아궁이를 두어 불을 지피고, 부뚜막에 솥을 걸어 음식을 했다. 조리용 도구가 필요 없는 사랑채나 건넌방, 행랑 등에는 부뚜막이 없고, 아궁이만 있었다.

물건이 들어간 속담 ③

(1) ㅂㄴ (2) ㄷㄷ이
(3) ㅅ (4) ㄷㄷ 된다

(1) ㅂㄴ
①비닐 ②바늘 ③비누

(2) ㄷㄷ
①도둑 ②당당 ③돈독

(3) ㅅ
①수 ②산 ③소

(4) ㄷㄷ
①도둑 ②당당 ③돈독

비슷한 속담 세 살 버릇 여든까지 간다
 - 어릴 때 몸에 밴 버릇은 나이가 들어도 쉽게 고칠 수 없다.

바늘 도둑이 소 도둑 된다

"이번에도 안 들키겠지!"

　바늘을 훔치던 사람은 바늘처럼 작은 것에서 멈추는 것이 아니라 소처럼 점점 더 큰 것을 훔치게 된다는 뜻의 속담입니다. 또는 작은 것일지라도 나쁜 행동을 계속 하게 되면 점점 더 큰 잘못을 저지르게 된다는 것입니다. 친구 필통 속에 전부터 가지고 싶었던 캐릭터 볼펜이 있습니다. 너무 예뻐 가지고 싶지만 잘못된 행동인 것을 알기에 수없이 주저하다 결국 아무도 안 볼 때 내 가방 안에 넣고 말았습니다. 집에 돌아와서 훔친 것을 후회하고 자책했지만 친구한테 돌려주지 않고 나의 것인냥 사용했습니다. 그러다 길에서 자물쇠가 풀려있는 자전거를 보았습니다. 예전이라면 훔칠까 말까 갈등했겠지만 이번에는 큰 갈등 없이 주변을 살피고 훔쳤습니다.

　이런 일이 생기는 이유는 바로 뇌에서 찾을 수 있습니다. 우리 뇌에는 습관 회로라는 것이 있습니다. 어떤 행동을 계속 반복적으로 하다 보면 습관 회로가 만들어져 좀처럼 그 행동에서 벗어나기 어렵다는 것입니다. 처음 볼펜을 훔쳤을 때는 처음하는 행동이기 때문에 잘못된 행동이라는 걸 알고 머뭇거리게 되어 훔치지 않는 선택을 할 확률이 높으나, 여러 번 훔치는 행동이 반복된 뒤에는 습관 회로가 만들어져 그 행동에서 벗어나기가 어려워집니다. 그래서 길에 있는 자전거를 보고서 머뭇거리거나 깊이 생각하지 않고 바로 행동으로 옮기는 것입니다. 그렇기 때문에 아주 작은 일이라도 나쁜 것은 습관으로 만들면 안 된다는 이야기를 담고 있는 속담입니다. 뒤집어서 생각해보면 사소한 것일지라도 좋은 행동을 나의 습관으로 만들면 점점 더 크고 좋은 행동으로 발전한다는 뜻이기도 합니다. 우리도 나쁜 습관보다는 좋은 습관을 가져보는 건 어떨까요?

좋은 습관 만드는 시작 6단계

① 목표 세우기　　② 목표와 습관을 연관시키기
③ 동기를 부여하기　　④ 작은 것부터 시작하기
⑤ 습관이 될 때까지 시간 내서 연습하기
⑥ 어려움이 생겨도 너무 낙심하지 않기

물건이 들어간 속담 ④

(1) ㄷㄷㄹ도
(2) ㄷㄷㄱ보고 (3) ㄱㄴㄹ

(1) ㄷㄷㄹ
① 닭다리 ② 대다리 ③ 돌다리

(3) ㄱㄴㄹ
① 괴나라 ② 건너라 ③ 강나루

(2) ㄷㄷㄱ
① 두들겨 ② 대동강 ③ 다대기

비슷한 속담 아는 길도 물어가라
- 잘하는 일도 많이 생각하여 실패가 없도록 단단히 해야 한다는 뜻.

돌다리도 두들겨보고 건너라

"아는 문제였는데……. 검산해 보고 제출할걸!"

평소에 잘 풀었던 문제를 시험에서 계산 실수로 틀렸던 경험이 있나요? 그래서 우리는 수학 시험 때 검산이라는 것을 꼭 해야 한다고 배웁니다. 검산을 통해 다시 한 번 풀이 과정을 확인해 봄으로써 실수의 확률을 줄이는 것이죠. 검산은 돌다리도 두들겨 보고 건너는 행동과 같습니다. 그렇다면 이 속담은 왜 생겨나게 된 것일까요?

하천이나 강을 건너가기 위해서 옛날에는 어떻게 했을까요? 오늘날은 물을 건너가기 위해서 강철과 콘크리트를 이용하여 다리를 만듭니다. 그러나 과거에는 그러한 기술과 자원이 없었기 때문에 자연을 이용하여 다리를 만들었습니다. 나무를 이용한 다리는 쉽게 썩고 물에 떠내려가기 때문에 더 단단한 돌을 이용하여 다리를 만들었습니다. 튼튼한 돌다리를 왜 두들겨 보고 건너라고 하는 것일까요? 만든 지 오래 되지 않은 돌다리는 안전하지만 시간이 흐르면 침식 작용이 일어나게 됩니다. 침식이란 땅의 바위나 돌, 흙 등이 빗물, 냇물, 바람에 의해 의해서 깎여 나가는 것을 말합니다. 하천의 상류일수록 유속, 즉 물이 흐르는 속도가 빨라져 침식 작용이 활발히 일어나게 됩니다. 이러한 작용으로 인해 돌다리 밑의 흙이 깎여 나가 돌다리를 안전하게 지탱해주지 않을 수 있습니다. 그래서 안전하다고 생각하는 돌다리이지만 두들겨 보고 건너라는 속담이 생겨난 것입니다.

우리나라에서 가장 오래된 돌다리

1976년 충북유형문화제 제28호로 등록된 충북 진천의 농다리는 우리나라에서 가장 오래되고 긴 돌다리이다. 돌을 그대로 쌓았는데도 견고하며 장마가 져도 유실됨이 없다. 고려시대에 만들어진 다리로 천년 동안 그 모습을 유지하고 있다.

물건이 들어간 속담 5

(1) ㄱㅅ이 (2) ㅅㅁ이라도 꿰어야 (3) ㅂㅂ다

(1) ㄱㅅ
① 가슴 ② 구슬 ③ 곡식

(2) ㅅㅁ
① 세말 ② 서말 ③ 세명

(3) ㅂㅂ
① 보배 ② 부부 ③ 바보

비슷한 속담 부뚜막의 소금도 집어넣어야 짜다
– 가까운 부뚜막에 있는 소금도 넣지 않으면 짠맛이 날 수 없다는 뜻으로, 아무리 좋은 조건이 마련되었어도 이용하지 않으면 안 됨을 비유한다.

구슬이 서 말이라도 꿰어야 보배다.

정답 (1) ⓒ 구슬 (2) ⓒ 사 말 (2) ⓒ 보배

구슬이 서 말이라도 꿰어야 보배다

"재능은 있는데……."

머리는 좋은데 노력을 안 한다는 말 들어본 적 있나요? 훌륭한 재능은 굉장히 소중하고 귀하지만 갈고 닦지 않으면 결국 사라져 쓸모 없게 됩니다.

이 속담에 등장하는 구슬은 끈에 꿸 수 있게 가운데에 구멍이 뚫어진 장신구용 구슬을 말합니다. 이 구슬은 낱개로 있으면 예쁘기는 하나 쓰임새가 없는 물건입니다. '서 말'에서 서의 뜻은 우리가 보통 3~4개를 이야기할 때 사용하는 서너 개를 의미합니다. 그렇기에 '서'는 개수가 셋임을 뜻하죠. '말'은 동물 말도 아니고 입에서 나오는 말도 아닙니다. 익숙하지 않을 텐데 곡식이나 액체, 가루 따위의 부피를 재는 단위입니다. 한 말은 약 18L정도 됩니다. 서 말은 약 54L가 되겠네요. 우리가 평소에 구입할 수 있는 생수 1L 페트병 54개에 구슬이 담겨있다고 생각하면 되는 양입니다.

구슬처럼 예쁘고 귀한 물건이 많을지라도 꿰지 않으면 쓸모가 없습니다. 54L정도의 양의 구슬이 바닥에 있다면 그것이 과연 가치 있을까요? 하지만 구슬을 하나하나 실에 넣는 작업을 통해 팔찌, 목걸이 등을 만들어 가치 있는 물건이 될 수 있겠죠. 아무리 훌륭한 것도 열심히 다듬어야 가치 있다는 이 속담을 통해 우리는 행동과 실천의 중요성을 알 수 있답니다.

우리나라의 다양한 부피 단위

홉 부피의 단위로서 곡식, 가루, 액체 따위의 부피를 잴 때 쓴다. 한 홉은 한 되의 10분의 1로 약 180ml이다.

되 곡식, 가루, 액체 따위의 부피를 잴 때 쓴다. 한 홉의 열 배로 약 1.8L에 해당한다.

말 곡식, 가루, 액체 따위의 부피를 잴 때 쓴다. 한 말은 한 되의 열 배로 약 18L에 해당한다. 같이 쓰이는 말로 두(斗)가 있다.

섬 역시 곡식, 가루, 액체 따위의 부피를 잴 때 쓰는 단위로 180L에 해당한다.

줌 주먹으로 쥘 만한 분량.

물건이 들어간 속담 6

(1) ㄱㄷ (2) ㅌ이 (3) ㅁㄴㅈㄹ

(1) ㄱㄷ
① 공든 ② 공대 ③ 기대

(2) ㅌ
① 탑 ② 톱 ③ 탁

(3) ㅁㄴㅈㄹ
① 무너지랴 ② 무뎌지랴
③ 만나지랴

비슷한 속담 인내는 쓰고 열매는 달다
  - 최선을 다해 노력한 일은 헛되지 않음.

공든 탑이 무너지랴

"노력한 과거는 배신하지 않아!"

10원짜리 동전에 새겨진 문화재가 무엇인지 알고 있나요? 바로 신라시대에 세워진 불국사 다보탑입니다.

불교라는 종교를 수용하면서 사람들은 부처의 사리를 모시거나 그 덕을 기르기 위해 탑을 세웠습니다. 깎은 돌이나 벽돌로 층을 지어 쌓고 3층 이상의 홀수로 층을 올렸답니다. 처음 탑을 지을 때는 나무를 재료로 써서 목탑을 만들었으나, 화재에 매우 약하고 해충으로 목재가 썩어 세운 탑이 오래가지 않았습니다. 벽돌로 만드는 전탑을 만들었으나 그 역시 시간이 지나면 벽돌이 깨졌습니다. 그 후에는 돌로 만드는 석탑을 짓게 되었고 화강암을 석탑의 재료로 선택하였습니다. 화강암은 굉장히 단단하고 지속성이 강한 만큼 탑을 쌓기 위해서는 많은 노력이 필요했답니다. 단단하기 때문에 조각을 하기 위해서는 많은 시간과 기술이 필요했던 거죠. 그런 노력이 들어갔기에 많은 석탑들이 현재까지 남아있을 수 있었습니다.

이 속담은 오랜 시간 정성을 들이고 노력한 탑은 무너지지 않는다는 의미를 담고 있습니다. 어떤 목표를 이루기 위해 오랜 시간 노력한 경험이 있나요? 지금 바로 좋은 결과가 나오지 않아 좌절할 수 있겠지만 분명 언젠가는 엄청난 성과가 있을 거라고 많은 석탑들을 통해 장담할 수 있습니다.

기울어진 피사의 사탑

피사의 사탑은 이탈리아 중부 토스카나 지방의 도시 피사의 두오모 광장에 있는 로마네스크 양식의 흰 대리석 탑이다. 본래 두오모라고 하는 피사 대성당에 부속된 종탑이지만 대성당보다 훨씬 유명하다. 세계 7대 불가사의라고 하는 기울어져 있는 탑의 모습 때문인데, 현재 탑의 높이는 가장 높은 쪽이 56.67m, 낮은 쪽은 55.86m로 남쪽으로 5° 이상 기울어져 있다.

물건이 들어간 속담 7

(1) ㅁ (2) ㅃㅈ (3) ㄷ에
(4) ㅁ 붓기

(1) ㅁ
① 밑 ② 물 ③ 문

(2) ㅃㅈ
① 빠진 ② 빠직 ③ 뾰족

(3) ㄷ
① 닭 ② 독 ③ 둑

(4) ㅁ
① 멍 ② 물 ③ 밀

비슷한 속담 터진 항아리 물 붓기
- 아무리 애를 써도 보람이 없다는 의미.

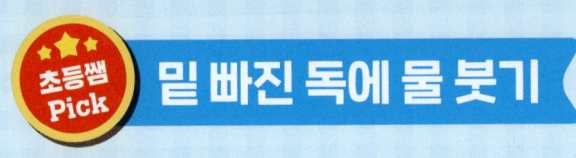

"저금통에 넣은 내 돈이 다 사라졌어……!"

  부모님께 용돈을 받을 때마다 아끼고 아껴 저금통에 넣었습니다. 시간이 꽤 지난 후 돈이 많이 모였을 거라고 생각하며 저금통 안을 확인해보니 거의 없는 것 아니겠어요? 알고 보니 동생이 몰래 돈을 빼서 쓰고 있었습니다. 이런 상황을 '밑 빠진 독에 물 붓기'라고 합니다.

  오늘날 우리는 간장, 고추장, 된장을 어떻게 구하고 보관할까요? 요즘엔 마트에서 손쉽게 구입하고 냉장고에 보관하죠. 그러나 마트도 냉장고도 없던 옛날에는 독에 담아 보관했습니다. 이 '독'이라는 것은 한 가정에서 굉장히 중요한 물건이었답니다. 독은 물이나 술, 간장, 고추장, 된장, 김장김치를 담아 두는 데 쓰인 물건입니다. 햇빛이 잘 들고 통풍이 잘 되는 곳에 독을 보관하면 음식이 썩지 않고 발효되면서 오래 보관할 수 있었습니다. 그런 독 밑이 깨져 있다면 어떤 일이 일어날까요? 아무리 채워 넣어도 깨진 밑으로 내용물이 다 새어

나와버리니 채운 것들이 소용이 없어지겠죠? 이 속담은 밑이 깨진 독에 물을 계속 부어도 독을 채울 수 없는 것처럼 아무리 노력해도 보람이 없고 헛된 일이라는 의미를 가지고 있습니다. 또는 마음에 욕심이 너무 많아 밑 빠진 독처럼 채워지지 않고 스스로 만족을 못하는 상태를 말하기도 합니다.

항아리

항아리는 저장용기다. 독이라고 하기도 하고, 옹기라고 부르기도 한다. 쌀이나 보리 등의 곡식을 저장하거나, 된장, 고추장, 간장 등의 장류를 보관한다. 김치나 동치미 같은  저장 식품을 담아두기도 하고, 술과 물 등의 액체를 담아두기도 하는 아주 다양한 쓰임새로 사용되었다. 항아리는 기본 형이 위 아래가 좁고 배가 부른 형태의 모습이나 쓰임새에 따라서 모양이 조금씩 다르다. 옛날에는 항아리가 없는 집이 없을 만큼 다양하게 쓰였지만, 지금은 생활 환경의 변화와 다양한 저장용기 때문에 사라지고 있다.

물건이 들어간 속담 8

(1) ㅂㅈㅈ도
(2) ㅁㄷㅁ (2) ㄴㄷ

(1) ㅂㅈㅈ
① 부재중 ② 백지장 ③ 부잣집

(2) ㅁㄷㅁ
① 맞들면 ② 맞대면 ③ 맞두면

(3) ㄴㄷ
① 낫다 ② 난다 ③ 날다

비슷한 속담 종이도 네 귀를 들어야 바르다
- 아주 가벼운 종이라 하더라도 네 귀를 함께 들어야 바르게 된다.

백짓장도 맞들면 낫다

정답 (1) ② 부끄 (2) ① 쏟을분 (3) ① 근거

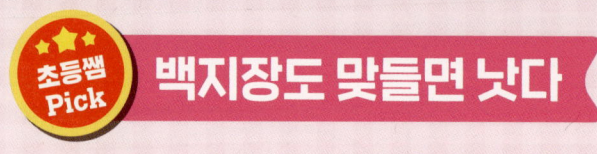
백지장도 맞들면 낫다

"우리 둘이 함께라면 무슨 일이든 거뜬하지!"

　혹시 학교 교실에서 친구들과 책상 배치를 바꿔본 적 있나요? 모둠 형태, 또는 교실놀이를 할 수 있도록 책상을 끝으로 몰아 배치하기도 하죠. 이때 안전하면서 쉽게 책상 배치를 바꾸기 위해서는 어떻게 하면 좋을까요? 바로 함께 책상을 옮기는 것입니다. 자신의 것만 옮기고 끝이 아니라 다른 친구의 책상을 함께 들면 좀 더 쉽고 힘이 덜 들면서 책상 배치를 바꿀 수 있기 때문이죠.

　이런 상황과 비슷한 속담이 '백지장도 맞들면 낫다'라는 속담입니다. '백지장'이란 하얀 종이 한 장을 말합니다. '맞들다'란 물건을 양쪽에서 마주 들다라는 뜻입니다. 종이 한 장은 굉장히 가볍죠. 혼자도 거뜬히 들 수 있지만 둘이 들면 더 쉬워진다는 것입니다. 세상에는 종이 한 장보다 무거운 일들이 참 많은데 이런 일을 다른 사람과 함께 나누면 얼마나 더 쉬워질까요?

이 속담을 통해 우리는 협력의 의미를 알 수 있습니다. 힘을 합쳐 서로 도우면 쉬운 일이든 어려운 일이든 거뜬히 할 수 있죠. 우리 반 친구들이 책상 배치를 협력하여 거뜬히 바꾸는 것처럼 말이죠. 또 다른 친구를 도와주고 협력하는 과정을 통해 스스로 많은 뿌듯함을 느끼게 해줍니다. 백지장을 함께 맞드는 것처럼 어떤 일이 있을 때 주변 사람들과 협력하면 좀 더 쉽게 해결할 수 있겠죠?

종이의 발명

종이는 나침반, 화약 등과 함께 중국의 3대 발명 중 하나로 일컫는 발명품이다.

서기 105년에 후한(後漢)의 환관이었던 채륜이 발명했다고 전해진다. 그러나 최근의 고고학 연구 결과로는 적어도 그보다 250년 이상 일찍 발명되어 기원전 140년경에 이미 사용되고 있었다고 한다.

종이는 처음에는 뭔가를 기록하기 위한 용도가 아니라 포장 재료나 의복, 개인 위생용으로 이용되었다. 기록 용도로 종이가 사용되기 시작한 증거는 서기 110년경이 되어야 찾아볼 수 있다.

5장 자연 속 속담

자연 속 속담 ①

(1) ㅎㄴ이 무너져도
(2) ㅅㅇㄴ (3) ㄱㅁ은 있다

(1) ㅎㄴ
① 하남 ② 한날 ③ 하늘

(3) ㄱㅁ
① 구멍 ② 가망 ③ 감면

(2) ㅅㅇㄴ
① 새언니 ② 솟아날 ③ 생일날

비슷한 속담 호랑이한테 물려가도 정신만 차리면 산다
- 아무리 위험한 상황이라도 정신만 똑바로 차리면 위기를 벗어날 수 있다는 의미.

하늘이 무너져도 솟아날 구멍은 있다.

정답 (1) ⓒ 아늘 (2) ⓒ 솟아날 (3) ⓒ 구멍

하늘이 무너져도 솟아날 구멍은 있다

"이 세상이 멸망한다면……?"

혹시 달이 태양을 가리는 현상인 개기일식을 직접 눈으로 본 친구가 있나요? 뉴스에서 개기일식을 미리 예측해서 안내해주고, 태양이 가려졌기에 깜깜한 이 광경을 신기한 현상이라고 생각하고 즐겁게 관측합니다.

하지만 옛날에는 어땠을까요? 천문학이 발전하기 전의 조선시대 때 하늘은 아주 중요한 의미를 담고 있었습니다. 왕권이 하늘의 뜻에 의해 결정된다고 생각했기 때문에 하늘에서 일어나는 현상에 많은 의미를 부여했죠. 개기일식은 왕을 상징하는 태양이 사라진다고 생각해서 큰 재앙이 일어날 것이라고 두려워했습니다. 그래서 재앙을 막기 위한 의식을 치르곤 했답니다. 옛사람들은 이처럼 항상 하늘을 살펴보고 중요시 여겼습니다.

그런 하늘이 무너졌다고 생각하면 얼마나 큰일이 일어난 걸까요? 이 세상이 멸망하는 것과 같은 의미를 가지고 있을 것입니다. 그럼에도 어려움에서 벗어날 방법은 분명히 있다고 말하고 있습니다. 도저히 해결할 수 없을 것 같은 힘든 일을 겪은 적이 있나요? 절망하고 모든 것을 포기하는 것이 아니라 그럴 땐 이 속담을 마음속으로 외치며 해결할 방법을 찾아보면 좋을 것 같습니다.

일식과 월식

지구는 태양 주위를 돌고, 달은 지구의 주위를 공전하고 있다. 그런데 아주 가끔 태양, 달, 지구가 일직선상에 나란히 위치하여 달의 그림자가 태양을 가릴 때가 있다. 이때 그림자 속에 속한 지역에서 바라본다면 태양이 달에 가려지는 현상을 보게 되는데, 이것을 일식이라고 한다.

태양, 지구, 달이 순서대로 나란히 서게 되는 경우도 있다. 이럴 때는 지구의 그림자 때문에 달이 보이지 않거나 희미하게 보인다. 이것을 월식이라고 한다. 달은 스스로 빛을 발할 수 없기 때문에 태양이 보내주는 빛을 지구가 가리면 달에 어두운 그림자가 생긴다.

자연 속 속담 ②

(1) ㄱㄹㅂ에
(2) ㅇ (3) ㅈㄴ 줄 모른다

(1) ㄱㄹㅂ
① 가랑비 ② 구릿빛 ③ 거름밭

(3) ㅈㄴ
① 짓는 ② 젖는 ③ 젓는

(2) ㅇ
① 열 ② 옷 ③ 옥

비슷한 속담 어린애 매도 많이 맞으면 아프다
　　　　　　 - 조그만 손해도 여러 번 당하면 큰 손해가 됨을 이르는 말.

가랑비에 옷 젖는 줄 모른다

"비 거의 안 오네! 우산 안 써도 돼~."

가랑비의 뜻을 알고 있나요? 비는 내리는 형태, 계절, 지역에 따라 여러 종류로 나눌 수 있습니다. 흔히 여름철에 좁은 지역에 짧은 시간동안 굵은 빗방울이 내리는 소나기, 햇빛이 난 날 잠깐 내리는 여우비, 봄에 조용하고 가늘게 내리는 봄비 등이 있습니다. 그 중에서 가랑비는 어떤 특징이 있을까요? '가랑'라는 말은 안개를 뜻하는 옛말입니다. 가랑비는 작은 물방울들이 땅 가까이 있어 안개처럼 뿌옇게 느껴지는 비로, 부슬부슬 아주 조금씩 내리는 비를 뜻합니다.

장대비처럼 비가 굵고 억세게 내리는 상황에서는 무조건 우산을 쓰지만 가랑비가 올 때는 많은 사람들이 우산을 펴지 않고 걸어갑니다. 주륵주륵 내리지 않아 굳이 우산을 안 써도 괜찮다고 생각하기 때문이죠. 하지만 가랑비는 조금씩 내리는 대신 소나기처럼 짧게 내리고 끝나지 않고 오랜 시간 동안 내립니다. 그래서 우리도 모르는 새에 옷이 젖게 되는 것이죠.

굉장히 사소한 것이라도 그것이 조금씩 꾸준히 반복된다면 우리 옷이 젖는 것처럼 큰일이 되어버립니다. 아이스크림을 먹고 이를 안 닦고 자는 일이 한 번이라면 충치가 생기지 않겠지만 그 행동이 계속 반복된다면 가랑비에 옷 젖는 줄 모르는 것처럼 충치가 생겨 치과 치료를 받아야 할 일이 생겨날 것입니다. 그러니 작은 일이라고 무시하지 말고, 그 행동이 반복된다면 어떤 일이 일어날지 생각하고 행동하는 지혜를 가져볼까요?

다양한 비의 종류

비는 내리는 특성에 따라 여러 가지 종류로 나눌 수 있다. 오랫동안 내렸다 그쳤다 하면서 계속되는 비를 **장마**라고 하고, 단시간 많은 비가 내릴 경우 **호우**, 이것이 지형적인 영향으로 어느 곳에 집중될 경우에는 **집중호우**라고 한다. 여름철 단시간 만에 굵은 빗방울을 동반하는 **소나기**, 번개와 천둥을 동반하는 **뇌우**, 언뜻 보면 물방울이 공중에 떠 있는 것처럼 보이는 **이슬비**, 이슬비보다 굵고, 보통 비보다 가늘게 내리는 **가랑비** 등 많은 종류가 있다.

자연 속 속담 ③

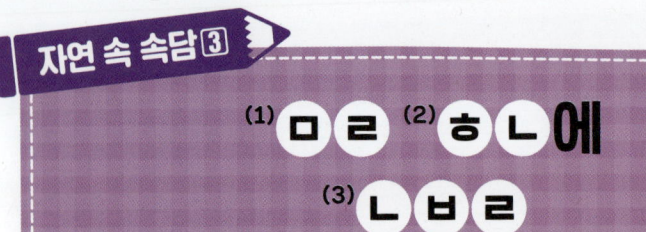
⁽¹⁾ ㅁㄹ ⁽²⁾ ㅎㄴ에
⁽³⁾ ㄴㅂㄹ

(1) ㅁㄹ
① 미룬 ② 마른 ③ 무른

(2) ㅎㄴ
① 하늘 ② 효능 ③ 해녀

(3) ㄴㅂㄹ
① 눈바람 ② 날벼락 ③ 눈보라

비슷한 사자성어 청천벽력 (靑天霹靂)
- 맑게 갠 하늘에서 치는 날벼락이라는 뜻으로, 뜻밖에 일어난 큰 변고나 사건을 비유적으로 이르는 말.

"갑자기 이게 무슨 일이야?"

평화롭던 중 갑자기 황당한 일을 당한 적이 있나요? 어느 때와같이 길을 걸어가고 있었는데 개똥을 밟았거나, 친구들과 잘 지내고 있었는데 갑자기 나의 뒷담을 하는 것처럼요. 이렇게 갑작스럽게 발생한 불행한 일을 뜻하는 속담이 있습니다. 바로 '마른 하늘에 날벼락'입니다.

마른 하늘이란 맑은 하늘을 뜻합니다. 구름 없이 화창한 하늘이죠. 날벼락이란 하늘에서 갑자기 떨어진 벼락을 뜻합니다. 번개와 벼락은 같은 말일까요? 비슷하나 차이점이 있답니다. 불안정한 대기 속에는 구름이 빠르게 생겨납니다. 이러한 구름 안에서 얼음 알갱이와 물방울이 이리저리 부딪히면서 전하가 발생해 구름 아래 쪽으로 이동합니다. 그러다 구름 위와 아래의 전하 차이가 많아지면 순간적으로 전류가 흘러 번개가 발생합니다. 번개는 공중에서 발생하는 것을 말하고, 벼락은 번개가 땅까지 내려와 나무나 전봇대처럼 뾰족한 곳에 떨어지는 걸 말합니다. 이 벼락으로 인해 사람이 다치는 일이 생기기도 하죠. 이에 옛사람들은 벼락을 굉장히 두려워하고, 잘못을 저지른 사람에게 하늘이 벌을 주는 것처럼 생각했습니다.

맑은 하늘에 벼락이 발생하는 것은 굉장히 드문 일입니다. 대부분 소나기를 일으키는 먹구름이 끼었을 때 생겨나죠. 맑은 하늘에 벼락이 발생하는 것처럼 마른 하늘에 날벼락은 생각지도 못한 돌발적 상황이 생겼을 때 사용하는 속담입니다.

🌸 천둥과 번개

번개의 섬광은 빛의 속도로 이동하므로 발생 즉시 사람들이 그 빛을 볼 수 있다. 그러나 천둥소리는 음속으로 진행하기 때문에 발생 거리에 따라 빛이 보인 후 시간차를 두고 천둥소리가 들린다. 번개의 섬광을 본 후 6~7초가 지났다면, 번개 발생 지점과의 거리는 약 2km 정도 떨어져 있다고 생각할 수 있다. 그렇지만 대기의 상태에 따라 번개의 섬광은 보이는데, 천둥소리가 들리지 않는 경우도 있다.

자연 속 속담 ④

(1) ㅅㅂㄷ으로
(2) ㅎㄴ (3) ㄱㄹㄱ

(1) ㅅㅂㄷ
① 손바닥 ② 새뱃돈 ③ 소부대

(3) ㄱㄹㄱ
① 가리기 ② 그리기 ③ 거르기

(2) ㅎㄴ
① 흑니 ② 하늘 ③ 효능

비슷한 속담 눈 가리고 아웅
- 얕은 수로 남을 속이려 한다는 말.

손바닥으로 하늘 가리기

"손바닥으로 하늘을 가릴 수 있을까?"

누군가를 사랑한 적 있나요? 사랑에 빠지면 그 사람을 사랑하는 마음의 크기는 측정할 수 없을 정도로 크죠. "얼만큼 사랑해?"라고 물어보는 질문에 "하늘만큼 땅만큼 사랑해!"라고 표현하는 걸 어디선가 들어본 적이 있을 거예요. 그렇게 대답하는 이유는 무엇이라고 생각하나요? 누군가를 사랑하는 마음의 크기처럼 하늘 또한 크기를 측정할 수 없을 만큼 크기 때문이에요. 하늘이란 지표를 둘러싸고 있는 공간을 말합니다. 우리의 눈에 보이는 파란 하늘뿐만 아니라 해와 달, 무수한 별들이 널려 있는 우주 공간까지죠. 그런 하늘을 우리의 손바닥으로 가린다고 생각해볼까요? 신기하게도 손바닥이 하늘을 가려 하늘이 보이지 않는 것처럼 느껴집니다. 그러나 하늘은 손바닥과 비교할 수 없을 정도로 커 가릴 수 없습니다. 손바닥으로 하늘을 가렸다고 생각하지만, 실제로는 하늘을 가릴 수가 없는 것처럼 문제가 생겼을 때 문제의 본질은 해결하지 않고 임기응변식으로 대충 대처하는 상황에서 이 속담을 사용합니다. 문제가 생겼을 때 불리한 상황에서 빨리 벗어나기 위해 손바닥으로 하늘 가리기 식으로 해결하기 보다는 문제의 본질을 해결하는 태도를 가지는 것은 매우 중요하겠죠?

손바닥 단위

길이를 재는 자가 없던 시절에는 손이나 손가락, 팔로 길이를 재려고 했다.

큐빗 팔꿈치 끝에서 가운뎃손가락 끝까지의 길이를 의미하는데 당시에는 왕의 팔이 기준이었다. 왕이 바뀌면 기준이 되는 길이도 바뀌었다.

스팬 손바닥을 쫙 펼쳤을 때의 폭을 나타내는 단위.

팜 엄지손가락을 뺀 네 손가락의 폭.

디지트 손가락 하나에 해당하는 폭. 참고로 디지트는 '디지털'의 어원이다.

인치 엄지손가락의 폭. 지금도 옷이나 허리 치수 등을 재는 데 널리 쓰이는 단위이다.

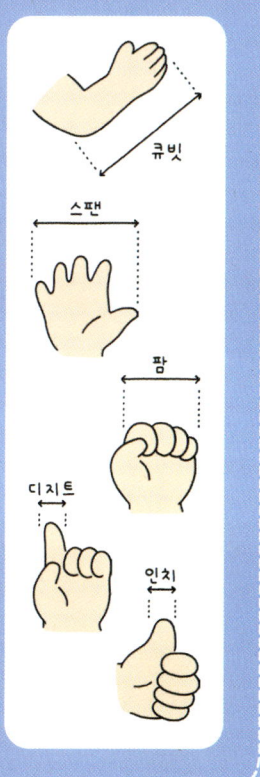

자연 속 속담 5

(1) ㅎㄴ
①한날 ②하늘 ③한남

(2) ㅂ
①발 ②별 ③방

(3) ㄸㄱ
①따기 ②뜨기 ③때기

비슷한 속담 계란으로 바위치기
— 대항해도 도저히 이길 수 없는 경우.

 하늘의 별 따기

"이 일은 거의 불가능한 일이야!"

코로나19가 막 유행하던 시절에 마스크 구하는 것이 어려웠습니다. 마스크를 팔 때 개수를 제한해서 팔기도 하고 가격이 많이 올라 구하기가 쉽지 않았죠. 이럴 때 어떤 속담을 사용해서 말하면 의미가 더 잘 전달될 수 있을까요? "요즘 마스크 구하기가 하늘의 별 따기야~"라고 말하면 의미가 더 강조되어 잘 전달된답니다.

우리는 밤하늘에서 별을 관찰할 수 있습니다. 별은 밤하늘에서 점처럼 반짝거리고 있는데요. 별이란 스스로 에너지를 만들어 빛을 내는 천체를 일컫습니다. 실제로 우리는 이런 별을 딸 수 있을까요? 사실은 불가능한 일이랍니다. 그렇기 때문에 이 속담은 그만큼 그 일이 어려운 일이라는 것을 강조하는 데 사용합니다.

사랑에 빠진 사람이 상대방에게 "너를 위해 하늘의 별도 따다 줄 수 있어" 라고 말한다면 이 말은 어떤 의미일까요? 너를 굉장히 사랑하기 때문에 하늘의 별을 따는 것처럼 불가능한 일이라도 거뜬히 할 수 있다는 의미입니다. 이처럼 이 속담은 이런 상황에서도 사용할 수 있습니다. 속담을 사용해서 좋은 점은 내가 원하는 의미를 더 명확히 강조하여 전달할 수 있다는 것입니다. 어떠한 불가능한 일을 말할 때 이 속담을 사용하여 말해보는 건 어떨까요?

✿ 별의 생애

별은 우주 먼지에 가깝다가 주변 폭발의 영향을 받아 성운(먼지, 수소, 헬륨 및 가스로 이루어진 성간 구름)에서 태어난다. 태어나면 질량에 따라 적색거성, 백색왜성, 초거성, 초신성, 중성자별, 블랙홀 등 다양한 모습으로 진화한다. 크기나 질량에 상관없이 수명이 다한 별은 은하의 먼지와 가스구름으로 되돌아가고 생애를 반복한다.

자연 속 속담 6

(1) ㅂ (2) ㅇ (3) ㄷ 에 (4) ㄸ 이 굳어진다

(1) ㅂ
① 밤 ② 비 ③ 배

(2) ㅇ
① 온 ② 운 ③ 울

(3) ㄷ
① 뒤 ② 동 ③ 둑

(4) ㄸ
① 땅 ② 똥 ③ 뚱

비슷한 속담 빠른 바람에 굳센 풀을 안다
– 마음의 굳은 의지와 절개는 시련을 겪고 나서 더 뚜렷하게 나타난다는 말.

"실패는 성공의 어머니"

비가 오고 있습니다. 비가 오면 어떤 일이 일어날까요? 땅이 질척거리고, 우산이 없다면 비에 젖어 감기에 걸릴 수 있겠죠. 비가 오면 불편한 게 많지만 며칠 후 땅의 모습을 살펴보면 이전과 많이 달라져 있습니다.

비가 오지 않은 땅에 씨를 뿌리면 토양이 건조하여 발아가 늦어지게 됩니다. 비가 온 땅은 질척거려 불편하지만, 시간이 지나면 땅이 더 건강해지고 단단해집니다. 이 속담은 우리의 인생에 빗대어 사용됩니다. 비가 온다는 것은 고생이나 실패를 뜻하며, 땅이 굳는다는 어려움을 극복하고 더 강한 사람이 된다는 것을 뜻합니다.

'실패는 성공의 어머니'라는 말이 있습니다. 비가 온 후의 땅은 이전보다 더 비옥해지고 더 많은 농작물을 경작할 수 있는 것처럼, 실패 후에 더 많은 교훈을 얻어 더 큰 성공과 더 나은 사람이 될 수 있다는 것입니다. 한번에 성공하는 삶도 훌륭할 수 있지만, 여러 번 실패한 후 성공한 사람의 단단함과 비교할 수 없을 겁니다. 그렇기에 어떤 어려움을 겪는다고 좌절하는 것이 아니라 더 나은 사람이 될 것이라는 믿음을 갖고 어려움을 극복해보는 건 어떨까요?

토양

흙이라고도 부르는 토양은 암석의 풍화물이다. 이 암석의 입자 사이는 공기와 물이 포함되어 있고, 식물의 뿌리는 토양에서 양분과 수분을 흡수하여 생장한다. 토양에 대한 정의는 토양을 이용하는 각 분야에 따라 다르다. 농림업에서는 식물의 양분·수분 저장하는 식물의 지지물로 보는가 하면, 지질학 분야에서는 맨틀이라 하고, 토목공학에서는 엔지니어링 물질로 본다. 이처럼 토양의 정의는 각각 다르지만 토양은 생명 현상의 근원이 된다. 토양에는 미생물이 서식하고 있다. 이들의 호흡과 식물 뿌리의 호흡으로 발생하는 이산화 탄소는 대기 중으로, 산소는 토양 중으로 확산된다. 식물의 성장에 필요한 조건은 빛, 산소, 물, 온도, 적당량의 양분, 유해인자가 없어야 하는 것 등이다. 이 중에서 빛을 제외한 다섯 가지 인자는 토양이 갖고 있다.

자연 속 속담 7

(1) ㅇㄱ **(2)** ㅁ 속은 알아도
(3) ㅎㄱ **(4)** ㅅㄹ 속은 모른다

(1) ㅇㄱ
① 열길 ② 알길 ③ 일경

(2) ㅁ
① 물 ② 맘 ③ 몸

(3) ㅎㄱ
① 한길 ② 한굴 ③ 한굼

(4) ㅅㄹ
① 사람 ② 술렁 ③ 삼림

비슷한 속담 말로는 사람의 속을 모른다
- 말로는 별의별 소리를 다 할 수 있으므로 말을 들어서는 그 사람의 속마음을 알 수 없다는 말.

정답 (1) ① 열길 (2) ① 물 (3) ① 속은 (4) ① 사람

열 길 물 속은 알아도 한 길 사람 속은 모른다.

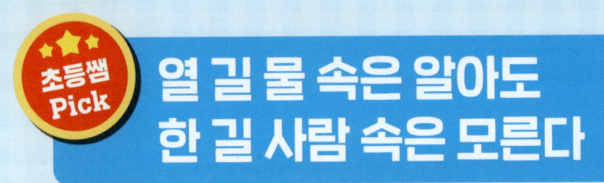

"얘는 왜 이러는 거야! 도통 모르겠네!"

   친구가 나한테 화가 났는데 뭐 때문인지 몰라 답답한 경우 있나요? 또는 분명 친구와 잘 지내고 있다고 생각했는데 사실은 친구가 나를 미워해 당황한 경험 있나요? 우리는 다른 사람의 표정과 말투로 그 사람의 마음을 짐작하고 파악하려고 노력합니다. 하지만 다른 사람의 마음이 어떤지 정확히 알아내는 것은 가능할까요? 인간관계를 맺다 보면 상대방이 무슨 생각을 하는지, 어떠한 마음인지 도통 알 수 없어 답답한 경우가 생깁니다. 이 속담은 그러한 상황에서 사용한답니다. '열 길 물 속은 알아도 한 길 사람 속은 모른다'에서 '길'이라는 것은 우리가 걷는 길이 아닙니다. 이는 길이의 단위인데요. 교과서에서 cm, m를 배운 적이 있죠? 이와 같이 옛날 길이를 측정하는 단위로, 한 길은 사람의 키 정도의 길이입니다. 그렇기에 열 길은 열 명의 사람의 키를 합한 값이겠죠? 사람의 키보다 열 배나 더 깊은 물 속은 우리가 여러 가지 방법으로 알아볼 수 있습니다. 무거운 추를 매단 줄을 바다 깊숙이 넣어 깊이를 알아볼 수 있고, 또는 무인 잠수정으로 물 속의 지형 구조를 살펴볼 수도 있죠.

이렇게 물은 아무리 깊어도 측정하고 파악할 수 있지만 물 속보다 깊지 않은 한 길 사람 속은 알기가 어렵다는 것입니다. 사람의 마음은 하루 몇 번 수시로 바뀌기도 하고, 그 속에 들어가 볼 수 없기 때문에 제대로 파악하기가 어렵다는 뜻이죠.

옛날 도량형 단위

1푼 1치의 10분의1(0.3cm)

1치 1촌의 10분의1(3.03cm)

1척 1치의 10배(30.3cm)

1마 91.4cm

1리 약0.4km

1길 사람 키 정도의 길이. 대략 180cm 정도.

자연 속 속담 8

(1) ㅇㅁ이 (2) ㅁㅇㅇ
(3) ㅇㄹㅁ이 (4) ㅁㄷ

(1) ㅇㅁ
① 웃물 ② 윗물 ③ 우물

(2) ㅁㅇㅇ
① 맑아야 ② 묽어야 ③ 묻어야

(3) ㅇㄹㅁ
① 아랫물 ② 아랫말 ③ 아랫목

(4) ㅁㄷ
① 맑다 ② 묽다 ③ 묻다

비슷한 속담 맑은 샘에서 맑은 물이 난다
- 윗사람이 바르고 정직해야 아랫사람도 따라서 바르고 정직하게 된다는 말.

윗물이 맑아야 아랫물이 맑다.

정답 (1) ② 윗물 (2) ① 맑아야 (3) ① 아랫물 (4) ① 맑다

윗물이 맑아야 아랫물이 맑다

"부모는 자식의 거울이다."

'부모는 자식의 거울이다' 라는 말을 들어본 적이 있나요? 우리는 태어나서 부모의 행동을 모방하고 부모의 모습을 통해 많은 것을 학습합니다. 이와 같은 의미의 속담이 바로 '윗물이 맑아야 아랫물이 맑다'입니다. 밖으로 나가서 물을 흘려볼까요? 물이 어느 방향으로 내려가는지 확인해봅시다. 물은 위에서 아래로 흐르고, 높은 곳에서 낮은 곳으로 흐르는 것을 확인할 수 있답니다.

만약 사람들이 쓰레기를 버려 물이 더러워졌다면 그 물은 고스란히 내려가겠죠. 반대로 윗물이 맑아 물고기들이 살기 좋은 환경이라면 아랫물 역시 맑아 다양한 생물이 살 수 있겠죠. 여기서 윗물은 윗사람을 뜻하고, 아랫물은 아랫사람을 뜻합니다. 윗사람이란 나이나 지위가 높은 사람을 말합니다. 아랫사람이란 이와 반대로 나이가 어리거나 지위가 낮은 사람을 말하겠죠?

우리에게 윗사람은 어떤 사람들이 있을까요? 부모님, 학교 선생님, 학원 선생님 등이 있겠죠. 그런 윗사람이 먼저 모범을 보여야 올바른 행동을 할 수 있다는 뜻을 가지고 있습니다. 그럼 아랫사람에는 어떤 사람들이 있을까요? 자신보다 학년이 낮은 학생들과 동생이 있겠죠? 우리도 모범을 보여야 어린 동생들이 보고 배울 수 있다는 뜻도 가지고 있습니다.

✿ 다양한 물의 형태

웅덩이 움푹 패어 물이 괴어 있는 곳.

연못 웅덩이보다 크다. 자연·인공적인 것 모두 포함한다.

저수지 인공적으로 만든 연못의 형태로, 수력발전이나 상수도, 홍수 조절 등 목적을 갖고 만들었다.

호수 연못보다 훨씬 넓고 깊은 못.

계곡 물이 흐르는 골짜기.

강 넓고 길게 흐르는 큰 물줄기.

바다 지구 표면에서 육지를 제외한 부분. 짠물로 이루어져 있다.

현직 초등 교사 직접 집필!

교과연계와 어린이 눈높이 연결 **초성 퀴즈**로
여러 상식을 놀이처럼 익히자!

글 이동은, 이상진, 유준상, 이다인, 김보미 | 그림 한규원(필움), 신정아 | 184쪽 | 각 권 13,500원 ~ 14,500원

귀여운 캐릭터가 재미있게 이야기를 이끄는
초등쌤이 알려주는 비밀 시리즈!